Una Cita
con el

REY

IDEAS PARA DINAMIZAR
LA VIDA DEVOCIONAL

JOEL COMISKEY, PH.D.

CCS Publishing

w w w . j o e l c o m i s k e y g r o u p . c o m

Publicado por CCS Publishing

23890 Brittlebush Circle

Moreno Valley, CA

Printed in the United States of America

www.joelcomiskeygroup.com

1-888-511-9995

Título del libro en Inglés: "An Appointment with the King"

Originalment publicado por Baker Book House en 2002

ISBN (en Inglés) 978-1-935789-13-0

Originalmente publicado en Español por Editorial CLIE en 2003

Traducido por Edmundo Goodson

Interior: Sarah Comiskey

ISBN 978-1-935789-22-2

DEDICATORIA

A Kevin Strong, un amigo
comprometido en tiempos de
alegría y de adversidad

TABLA DE CONTENIDO

RECONOCIMIENTOS

Aunque mi nombre figura solo en la tapa del libro, varias personas merecen un reconocimiento especial. Yo quiero agradecer a:

- Mi esposa, Celyce, por hacer el tiempo que ella no tenía para leer, editar y dar sugerencias para mejorar este libro.

- Mi madre, Phyllis Comiskey, que me ayudó para ver la necesidad de mejorar el tono y el flujo del libro.

- Mi amigo íntimo, Kevin Strong, que se ofreció voluntariamente para leer, criticar y perfeccionar este libro.

- La escritora Susana Titus Osborne, que realizó la crítica del manuscrito y me ofreció su consejo profesional.

- Rachel Boers que hábilmente editó y pulió el libro hasta adquirir su formato final.

- Jane Campbell, que brindó un excelente liderazgo y persistencia en la guía de este libro desde la fase de la idea hasta su impresión.

INTRODUCCIÓN

Un día un hombre perturbado de nombre Juan Salas abrió nerviosamente la puerta de mi oficina: «He probado de todo», dijo él bruscamente. «He sido adicto al alcohol y a las drogas, y además he probado un par de religiones. Ahora mi esposa quiere dejarme. ¿Qué puede hacer por mí?»

Raramente he sido testigo de tanta desesperación en todos mis años de consejería. Siendo uno de los pastores en la Iglesia El Batán en Quito, Ecuador, había aconsejado a muchas personas necesitadas, pero Juan era diferente. Era evidente que estaba desesperado y había llegado al final de sus recursos. «Yo sé que ha estado buscando respuestas con toda sinceridad», le dije, «pero sólo Jesucristo puede llenar el vacío en su corazón.» Mientras lo guié en oración para recibir a Jesucristo, la urgencia en la voz de Juan finalmente terminó en alivio.

Ese día Dios tomó el control de Juan, y llegó a ser una nueva creación. Estaba radiante y el gozo inundó su vida. Antes de irse, le aconsejé a Juan que pasara un tiempo todos los días con Dios.

En la clase de los nuevos creyentes a la tarde siguiente, Juan me contó cómo se había despertado temprano en la mañana y el tiempo que había pasado con su nuevo amigo, Jesús. Juan empezó un modelo de pasar un tiempo todos los días a solas con Dios que revolucionó su vida y lo transformó en un cristiano dinámico. A través de los años, mientras veía el crecimiento de Juan, noté el poder de Dios en su ministerio, en la renovación de su matrimonio y en la prosperidad de su trabajo.

Juan todavía tenía su porción de dificultades. Los problemas pasados de su matrimonio lo afligían, y cambiar su restaurante a una nueva ubicación requería un gran compromiso financiero. Sin embargo, la bendición de Dios lo seguía a dondequiera que él iba. Dios estaba agrandando el territorio de Juan, y otros lo notaron.

Era evidente que el Padre celestial estaba premiando a Juan por pasar ese tiempo a solas con Él. Las palabras de Cristo se estaban haciendo realidad ante mis ojos: «Pero tú, cuando ores, entra en tu cuarto, cierra la puerta y ora a tu Padre que está en secreto; y tu Padre, que ve en lo secreto, te recompensará» (Mateo 6:6).

Años después, tuve la oportunidad de demostrar la relación entre el tiempo devocional y la bendición de Dios. Para graduarme y obtener mi doctorado, realicé una encuesta de 700 líderes de grupos pequeños en ocho países alrededor del mundo. Yo quería determinar por qué ciertos líderes de los grupos pequeños tenían más éxito que otros en el crecimiento y multiplicación de sus grupos. Quedé sorprendido cuando descubrí que el éxito de un líder no tenía nada que ver con la personalidad, el nivel social, educación o dones espirituales; tenía que ver totalmente con el tiempo que pasaban con Dios. El tiempo pasado en su hora devocional figuraba en forma consistente como el factor más importante en mi estudio.

Yo no esperaba encontrar esta relación. Pensaba que descubriría otras razones más naturales y humanas que explicaran el éxito en el ministerio. Sin embargo, la relación es lógica. Durante el tiempo devocional que pasamos a solas con el Dios vivo, escuchamos la voz de Dios y recibimos Su sabiduría. Es obvio, entonces, que los cristianos llenos del Espíritu, moviéndose bajo la guía de Dios, tendrán un acertado sentido de guía y liderazgo. Dios les concede el éxito. Por supuesto, este éxito no está limitado a los líderes de los grupos pequeños. Esta misma guía personal está al alcance de todos. Dios desea recompensarnos y hacernos más eficaces en nuestro trabajo, con nuestras familias, en nuestros estudios y en nuestras relaciones interpersonales. El Padre, que nos ve en nuestro tiempo devocional diario, lo recompensará públicamente.

Por supuesto, el mejor premio de todos es la comunión con el Dios vivo y poder conocerle mejor. Éste debe ser nuestro blanco más importante y nuestra principal meta. Cuanto mayor sea el tiempo que pasamos con Dios, tanto más llegaremos a ser como Él.

Lo he intentado, Pero...

Para muchos, el tiempo devocional no es una aventura emocionante de conocer al Dios vivo; más bien, es más parecido a cuando comemos hígado, asistimos a una reunión obligatoria de la junta o cuando sacamos la basura. «Lo haré por la pura fuerza de mi voluntad - nada más.» Un amigo mío me dijo en cierta oportunidad:

Mi problema en el pasado ha sido la sequedad... no un tiempo cordial con el Señor; no, en lugar de eso ha sido tan solo el cumplimiento de una rutina. Yo cumplía con mis devociones como un deber porque pensaba que era lo correcto. Yo quería recibir algo de Dios. Ahora yo quiero estar con él, comunicándome con él, «tocando» a mi Padre.

En alguna oportunidad todos hemos sentido la «sequedad» con respecto a pasar un tiempo con Dios. Para los que sienten que tienen una lucha continua y muy poco éxito, tienen que afrontar a menuda la frustración. Es posible, por ejemplo, que alguien le haya dicho que no es realmente un cristiano si no tiene un tiempo devocional. Si así fuera, más que un deleite, el pasar un tiempo con Dios llega a ser una carga para aliviar la culpa.

Existen otras razones para no procurar un tiempo devocional. Quizás simplemente no esté convencido que un tiempo devocional diario sea de verdad importante – es un pensamiento lindo, y quizás algo bueno, pero no indispensable. Cuando el trabajo, la familia y otras actividades externas compiten por nuestra atención, el tiempo devocional tiende a tomar un lugar secundario.

Es posible que usted considera que el tiempo devocional sea algo demasiado rutinario. A menudo una persona me dice: «Cuando tenga un impulso para buscar al Señor lo haré, pero si lo realizo como una práctica en forma periódica me parece demasiado ritualista y no lo suficientemente espontáneo.» Jaime, un íntimo amigo mío, me dijo: «Yo sé que *debería* tener un tiempo devocional en forma periódica, pero estaba esperando *sentirlo bien* para empezar.» Los que lo sienten de esta manera no ven el valor de las disciplinas cristianas que forman hábitos.

O quizá usted es un cristiano recién convertido que nunca oyó hablar de un tiempo devocional diario. Cuando Chad recibió a Jesús en su vida hace varios meses, él quería un andar más profundo con Dios pero no sabía cómo conseguirlo. Aunque él leía la Palabra de Dios esporádicamente y oraba, le faltaba el poder diario para vivir una vida cristiana victoriosa. Según lo descubrió Chad y muchos otros, la victoria en Cristo depende de pasar un tiempo con Dios todos los días.

Mi experiencia

No soy un escritor pasivo con respecto al tema del tiempo devocional. Sé que hay una relación directa entre mi propio éxito y fracaso y mi tiempo devocional con Dios. Cuando le digo a Dios: «Estoy demasiado ocupado hoy. Tengo demasiado para hacer. Después me ocuparé de esto,» luego al final del día, después de nunca haber encontrado el tiempo, comprendo qué día frustrante, estéril y conflictivo había tenido. Sin mi tiempo con Dios, atravieso el día torpemente sin la guía del Espíritu por las dificultades de la vida.

Yo pasé por uno de esos períodos en 1996 mientras vivía en Pasadena, California, asistiendo al Seminario Teológico Fuller. Durante un período que resultaba ser particularmente muy agitado me sentí totalmente justificado de pasar por alto mis devocionales diarios. Yo decía: «Dios, tú sabes el escaso tiempo que tengo por razón del trabajo del curso. Lo cierto es que no tengo tiempo para mi devocional diario.»

Con un plazo de tiempo muy ajustado de alguna forma logré completar un trabajo importante sobre la historia de la iglesia y lo entregué a tiempo. Cuando me lo devolvieron, sin embargo, estaba marcado por todas partes con tinta roja, con las correcciones del profesor: lo tuve que rehacer *completamente*.

En ese momento, Dios me habló. «*Joel*», me dijo, «*yo soy el que te dará la sabiduría. Aun cuando estés sumamente ocupado, búscame primero y yo te daré el éxito.*»

«De acuerdo, Dios», le dije. «Yo te obedeceré. Pasaré el tiempo que corresponde contigo en medio de todas mis tareas. Simplemente recuerda que tendré aun menos tiempo para completar el siguiente trabajo.»

Yo estaba a punto de descubrir que diezmando mi tiempo con Dios me ayudaría a hacer un mejor uso del tiempo que yo tenía. Dios fue fiel. Mis trabajos empezaron a regresar a mí con comentarios alentadores, aunque yo no había pasado tanto tiempo para escribirlos.

Es posible que su experiencia no tenga nada que ver con escribir tareas, sin embargo, el principio sigue siendo el mismo: Mientras usted se compromete a pasar un tiempo con Dios, Él bendecirá su vida y le ayudará a hacer buen uso de su tiempo.

He llegado a creer que la disciplina espiritual más importante en la vida cristiana es mantener periódicamente un tiempo devocional - un tiempo para hablar con Dios y permitirle a Dios hablarle a usted; un tiempo para leer la Palabra y recibir alimento para su alma.

Mi tiempo devocional me proporciona una oportunidad para un chequeo diario, un tiempo para expresar mis inquietudes y preocupaciones. Allí es donde recibo los planes para el futuro y el gozo que fortalece mi alma. Es mi oportunidad de hablar directamente con Aquel que me ama, que me escogió antes de la creación del universo y que está tan cerca como el aire que respiro.

Qué puede esperar de este libro

Este libro le enseñará cómo pasar un tiempo de calidad con Dios todos los días, refrescando su alma y preparándolo para el día que tiene por delante.

Este libro no es un libro devocional clásico (una guía diaria para sus devocionales); más bien, es una guía para ayudarle a desarrollar y mantener su propio tiempo devocional dinámico.

Cada capítulo le proporcionará las sugerencias prácticas sobre la manera cómo experimentar a Dios más plenamente. Mi meta es ayudarle a entender el por qué y el cómo de pasar un tiempo con Dios.

Mi esperanza es que usted sea estimulado y emocionado de pasar el tiempo devocional diario con el Dios vivo. Es posible que tome un tiempo para hacerlo un hábito, pero pronto notará la bendición de Dios en su vida. Sea fiel y Dios mismo quitará los obstáculos de la aridez y hará llover una fresca unción sobre su alma. Su tiempo devocional llegará a ser muy pronto un deleite, el mejor momento de su día.

PASOS PRÁCTICOS PARA TENER UN TIEMPO DEVOCIONAL DIARIO

¿POR QUÉ DEBO HACERLO?

A mediados de la década de 1980 planté una iglesia en el centro de la ciudad de Long Beach, California. Envidiaba la iglesia pentecostal que parecía estar llena todas las noches de la semana. Mi iglesia se estaba reuniendo en mi casa.

Una obrera de la misión de rescate de nombre Jane pasó el verano ayudando a plantar esta iglesia en el centro de la ciudad. «Jane», le comenté un día, «necesitamos tener más cultos. Pienso que ése es el secreto para tener una iglesia exitosa como la que está a unas cuadras de aquí en esta misma calle.»

Jane movió su cabeza en disconformidad y contestó: «Joel, estas personas no necesitan más reuniones. Lo que ellos realmente necesitan es aprender cómo alimentarse ellos mismos de la Palabra de Dios. ¿Qué sería lo mejor: proporcionarles el alimento por el resto de sus vidas o enseñarles cómo trabajar para que ellos mismos se puedan alimentar?»

19

Intenté defenderme, pero me quedé sin palabras. Yo sabía que ella tenía razón. Me había olvidado que la ocupación con las muchas actividades de la iglesia nunca llegarían a reemplazar las necesidades personales y espirituales de los miembros de la iglesia. Mi primera vocación como plantador de la iglesia no era hacer que las personas dependan de mí a través de numerosos cultos de adoración. Yo debía enseñarles cómo alimentarse para mantener una relación dinámica con Jesucristo.

El pan cotidiano

No hay duda alguna que la combinación de la adoración, la predicación poderosa y la íntima comunión que se encuentra cuando se asiste a la iglesia profundizan nuestra relación con Cristo. Pero el impacto es temporal; necesitamos mayor cantidad de alimento espiritual adicional para ayudarnos a enfrentar los desafíos diarios de nuestras vidas.

Cuando Dios proporcionó el pan del cielo (el maná) para Su pueblo, los israelitas, Él les ordenó que lo recogieran diariamente o de lo contrario se echaría a perder. El maná recogido en el día sólo alcanzaba para ese día. Nosotros también necesitamos el alimento espiritual diario para enfrentar los desafíos particulares que cada día trae. Jesús dijo: «Basta a cada día su propio mal» (Mateo 6:34). La bendición y la unción de ayer no le prepararán para enfrentar los cuidados, las pruebas y preocupaciones de hoy. Usted necesita la nutrición fresca de Jesús hoy.

Yo confieso que no siempre creí en la importancia de hacer que mi tiempo devocional fuera una actividad diaria. A veces, cuando estaba demasiado ocupado, yo decía: «Estoy demasiado ocupado hoy, Dios; mañana pasaré más tiempo en el devocional.» Yo no entendía cuánto necesitaba el alimento fresco ese día – y también el siguiente.

Aunque Dios usará la predicación del domingo por la mañana (o de la noche) para alimentarle, transformarle y animarle, no se detenga allí. Pase tiempo con él todos los días. Mientras se alimenta de la Palabra escrita de Dios, escucha Su voz y recibe la llenura del Espíritu, usted se sentirá renovado y estimulado a servir a Dios más eficazmente.

Nosotros le amamos a Él porque Él nos amó primero

Constantemente quedo asombrado por el amor sincero que mis tres hijas me brindan. «Papá, sólo queremos estar contigo», me dicen constantemente. Ellas no lo hacen para cumplir un rito o para realizar un buen trabajo; actúan en base a un deseo natural que Dios ha puesto dentro de ellas.

Así también, pasar un tiempo todos los días con Dios no es un acto meritorio para hacernos dignos delante de Él. No lo hacemos para *mostrarnos aprobados* delante de Dios, para ofrecerle otra buena obra. Más bien, nuestros tiempos devocionales son una respuesta a Su amor. Porque Jesús nos ama y nos ha justificado por Su sangre, deseamos pasar tiempo con Él y conocerlo más íntimamente. Anhelamos estar con Él - no porque tengamos que hacerlo, sino porque queremos hacerlo.

Sólo la gracia

- El mensaje de la reforma protestante es que nosotros somos justificados por Jesucristo y no por las buenas obras.
- No tenemos nuestro tiempo devocional para ser aceptados delante de Dios, sino porque ya somos aceptados por Dios y naturalmente queremos conocerlo mejor.

A. W. Tozer, un líder espiritual del siglo XX, dice: «Buscamos a Dios porque Él ha puesto en nosotros deseos de dar con Él.»1 La gracia de Dios hace nacer en nosotros un deseo de pasar tiempo con él. Simplemente respondemos a Su amor y deseamos entrar en Su presencia.

Henry Ward Beecher, un clérigo norteamericano y orador popular del siglo XIX, relató un incidente sobre un obrero en la granja de su padre en Litchfield, Connecticut:

> Él tenía un pequeño cuarto y en una esquina yo tenía una cuna pequeña; cuando yo era un muchacho me quedaba acostado allí y pensaba con cuánto entusiasmo él se ocupaba en sus devociones. Era una cosa periódica. Primero él leía el Nuevo Testamento, casi sin darse cuenta que yo estaba en el cuarto. Después alternadamente oraba, cantaba y se reía. ¡Yo nunca vi que alguien disfrutara de la Biblia así! Pero quiero dejar registrado que su oración causó una profunda impresión en mí. Nunca se me ocurrió pensar si sus acciones eran apropiadas o no. Yo sólo pensaba: «¡Cuánto lo disfruta ese hombre!» Obtuve de él más de una idea de lo deseable de la oración gozosa que nunca aprendí de mi madre o padre. Él me llevó a ver que debe haber verdadera alegría desbordante y acción de gracias en todo ello.2

Pídale a Dios que haga que su tiempo devocional sea un deleite. Él quiere quitar la carga pesada de «chequear el paso del tiempo». Aunque podría resultar difícil al principio, Dios desea hacer que su tiempo devocional sea la parte que más disfruta de su día.

Dios desea pasar tiempo con Sus hijos

¿Sabía usted que Dios quiere pasar tiempo con usted mucho más de lo que usted quiere pasar con Él? Tan a menudo nos imaginamos que pasar tiempo con Dios es un trabajo para realizar. Para muchos, lamentablemente, es como levantar una carga pesada al trono de la gracia para agradar a un Dios enfadado. Debe saber que la Biblia pinta un cuadro diferente. Vemos a un Dios que ama a Sus hijos y anhela estar con ellos. David dijo: «¡Cuán preciosos, oh Dios, me son tus pensamientos! ¡Cuán grande es la suma de ellos! Si los enumero, se multiplican más que la arena. Yo despierto y aún estoy contigo» (Salmo 139:17-18).

Dios está pensando en usted todo el tiempo. Henry Blackaby, un predicador bautista que escribió el libro "best-seller" «Mi Experiencia con Dios», dice: «Dios Mismo persigue una relación de amor con usted. Él es el que toma la iniciativa para traerlo a este tipo de relación. Él lo creó para una relación de amor con Él. Ése es el mismo propósito de sus vidas.»[3] Dios anhela pasar tiempo con usted más de lo que usted puede imaginar. En realidad, Dios desea pasar tiempo con usted tanto que aun ahora Él está preparando su eternidad, en la que usted pasará el tiempo ininterrumpido con Él (Juan 14:2).

Y no piense que Dios sólo quiere disfrutarlo cuando usted es fuerte y capaz. No, Dios entiende exactamente dónde está en cualquier momento. Él disfruta de usted en cualquier fase precisa de su desarrollo. Me ha gustado pasar tiempo con mis hijas en cada etapa de sus vidas. Chelsea, nuestra hija menor, dice las cosas más listas y puede acurrucarse de una manera como sólo puede hacerlo una niña de cinco años. Yo disfruto de Sarah, nuestra hija mayor, de una manera diferente. Conversamos de varios asuntos que están muy por encima de las posibilidades de Chelsea. Puedo comunicarme mucho mejor

Las señales que nos advierten del agotamiento

- Falta de gozo combinado con una depresión de bajo nivel o crónica mientras seguimos sumamente ocupados.

- Sentimientos de tibieza hacia Dios que son constantemente sofocados.

con nuestra hija que está entre ambas, Nicole, a través de los juegos y de los deportes.

Permita que Dios lo disfrute. Él lo escogió antes de la creación del mundo y después lo llamó para entrar en una relación de amor con usted. Dios desea desarrollar esa relación de amor con usted. Él desea reunirse con usted en su tiempo devocional diario.

Tome su tiempo para ser santo

A menudo la gente dice: «Quizá el año que viene yo pueda pasar un tiempo con Dios como quisiera. Ahora mismo estoy sobrecargado de trabajo.» ¡Los estudios recientes indican que los norteamericanos cumplen los horarios de trabajo más extensos en el mundo industrializado - casi 2000 horas por año! Entre 1977 y 1997, el promedio de trabajo por semana entre los empleados y obreros norteamericanos se extendió de 43 a 47 horas. Durante los mismos años, el número de obreros que hacían 50 o más horas por semana saltó de 24 a 37 por ciento.

Hace apenas una década, se horrorizaban los norteamericanos con los hábitos de trabajo de los japoneses. Ahora, según un reciente informe de la Organización Internacional del Trabajo, Estados Unidos ha superado a Japón para llegar a ser la nación que más trabaja en el mundo.[4] Un obrero norteamericano promedio trabaja ocho semanas más por año que un obrero promedio de Europa occidental, y el mismo informe dice que los norteamericanos corren el riesgo de quedar agotados.

Trabajar mucho no está mal; el problema está en quedar fundidos por trabajar demasiado. Cuando trabajamos mucho sin que el gozo y la paz de Dios controlen nuestras vidas, creamos un "stress" y una preocupación que terminan por agotarnos y que tengamos una conducta disfuncional.

Mencioné en la introducción cómo Dios me mostró cómo, al darle el diezmo de mi tiempo a Él me ayudaba a hacer un mejor uso del resto de mi tiempo. Si se pasa un tiempo con Dios se recibe una paz sobrenatural y un gozo que lo acompañarán a lo largo del día. Esta paz y gozo le permitirán trabajar intensamente y aumentará su productividad mientras evita el agotamiento resultante. Como dijo Nehemías: «El gozo del SEÑOR es vuestra fortaleza» (Nehemías 8:10).

Cuando se dé cuenta cuán desesperadamente necesita la plenitud de Dios, usted querrá tomar tiempo para encontrarse con Él todos los días. Comprenda, sin embargo, que hallar ese tiempo no será fácil. El himno *Toma Time para Ser Santo* expresa la parte más difícil con respecto a pasar un tiempo con Dios. Lo más probable es que nunca *encontremos* tiempo;

La ecuación inversa

Dando prioridad al tiempo que pasa con Dios le ayudará a lograr más durante el día.

tendremos que tomarlo de las otras demandas que se acumulan y que nos presionan. Pablo Cedar, un reconocido pastor y líder cristiano confesó lo siguiente:

> Yo estaba dando citas para cada persona y cada evento que eran importantes en mi vida... Comprendí que raramente o nunca fijaba una cita con Dios. Ese reconocimiento transformó mi programa y mi vida de oración. Empecé a separar un tiempo para estar a solas con Dios todos los días. Es más, cuando compro una agenda nueva para mis citas, siempre establezco mi cita periódica con Dios primero...[6]

Puede estar seguro que las necesidades urgentes llenarán su agenda y estropearán su iniciativa de pasar tiempo con Dios a menos que usted haga sus planes por adelantado - a menos que usted haga que su reunión con Él sea la cita más vital de su día. Las palabras de Cristo nos aseguran: «Mas buscad primeramente el reino de Dios y su justicia, y todas estas cosas os serán añadidas» (Mateo 6:33).

Resumen del capítulo

- Necesitamos pasar un tiempo diario con Dios para recibir el alimento espiritual en forma periódica.
- Tener este tiempo devocional no es una manera de ganar nuestra salvación o méritos; es el resultado de responder al Dios que nos ama.

- Los tiempos devocionales agradan al corazón de Dios dándole una oportunidad para pasar tiempo con nosotros.
- Nadie tiene un tiempo «extra». Tenemos que hacer el tiempo para estar en la presencia de Dios.

Pasos prácticos

- Aparte un tiempo para una cita con Dios durante todos los días de la siguiente semana.
- Medite en el Salmo 139 y Romanos 8:28-39. Piense acerca de cuánto Dios disfruta estar con usted y quiere pasar ese tiempo con usted.

Para estudiar en un grupo

- Este capítulo cubre varias razones para pasar un tiempo diario con Dios. Después de repasar esas razones, ¿cuál de ellas le parece que sea la más importante para usted? ¿Por qué?
- Comparta con el grupo cualquier dificultad u obstáculos que usted enfrenta para pasar un tiempo con Dios.

---------- *Dos* ----------

¿DE QUÉ SE TRATA TODO ESTO?

Cierta noche en 1989, mi esposa y yo recientemente casados íbamos en camino a nuestra casa después del culto de la iglesia en Escondido, California. Justo cuando caía la noche en un trecho despoblado de la Autopista 15, nuestro viejo Toyota realizó algunas fuertes explosiones del motor y se detuvo. Estábamos sin combustible. Yo había estado muy ocupado esa semana y me había olvidado de llenar el tanque. Allí estábamos; no había teléfono, ni casas - nada cerca. Abrí la puerta del vehículo completamente pasmado y disgustado por nuestras circunstancias sombrías. «Supongo que ahora sólo me queda "hacer dedo"», me decía entre dientes.

Tres minutos después una persona sonriente se detuvo, se presentó como un evangelista cristiano, nos manejó hasta la estación de combustible más cercana (a muchas millas de distancia) y otra vez de regreso al vehículo. Inolvidable. ¡Un milagro directamente del trono de Dios – sin embargo no me atrevo a tentar a Dios de nuevo quedando intencionalmente sin combustible en una carretera oscura sólo para ver si otro evangelista o quizás esta vez, un apóstol, se detendrá! Así como los automóviles necesitan la gasolina, los cristianos dejaremos de funcionar espiritualmente a menos que recibamos primero el combustible. Incluso los que se presentan el domingo, que se glorían en la gracia de Dios y se consideran evangélicos con tarjeta de identificación, tendrán poco impacto en la sociedad si siguen corriendo hacia adelante vacíos. El tiempo devocional con Dios proporciona el sustento espiritual necesario para llenar nuestras almas.

Más adelante en este libro daré detalles cómo hacer esto por medio de la Palabra de Dios, la adoración, la confesión, la oración y otras disciplinas espirituales. Primero, sin embargo, me gustaría comentar una objeción común para no tener este tiempo devocional. Muchas personas afirman que ellos no necesitan un tiempo devocional diario porque «oran todo el día.» ¿Esto es suficiente para llenar nuestros tanques espirituales?

¿Es Suficiente Orar «Al Galope?»

Considere la relación entre esposos. Un rápido beso en la mejilla es un sentimiento hermoso y algo importante para hacer intermitentemente a lo largo del día. Sin embargo, para mantener ardiendo el fuego, significa que se debe hallar tiempo para algo más que eso - como un abrazo apasionado o un tiempo romántico especial.

Del mismo modo, mientras la Biblia nos dice que oremos sin cesar (1 Tesalonicenses 5:17) y que vivamos en el Espíritu (Gálatas 5:25), también nos invita a pasar un tiempo específico con Dios (Mateo 6:5-6). El pastor y autor Cecil Murphey comparte este testimonio:

> En cierta oportunidad llegué a abandonar incluso un tiempo devocional fijo. Después de todo, mientras me entrenaba constantemente para volver al Señor, para estar siempre en un espíritu de oración, ¿por qué tener un tiempo especial apartado para un contacto espiritual? .. [A pesar de] toda la frecuencia de mis oraciones, algo no estaba totalmente bien. Yo hacía lo que debía, pero no tenía ningún sentimiento de estar orando en profundidad. Mis oraciones consistían principalmente en «ayuda», «guía», «anima», «convierte» – a menudo mi concentración vagaba. Miraba la luz roja mientras le pedía a Dios que reconciliara a Pablo y a Susana. Ciertamente Dios escucha mis oraciones intercesoras mientras estoy parado en la cola de la caja en el supermercado o cuando saco la bolsa plástica de basura a la puerta. Pero también existe la necesidad de pasar un tiempo totalmente concentrado. Algunas necesidades se pueden manejar ligeramente.... Yo extrañaba pasar un tiempo íntimo con Cristo. Hay algo importante acerca de estar solo, en un lugar tranquilo, sólo con Jesucristo. Mis manos sin hacer nada, mi cuerpo bastante flojo - yo hablo con él, pero él también habla conmigo. A veces incluso no llega a ser siquiera una conversación consciente – sólo estar juntos. [1]

El tiempo personal con Dios nos refresca y nos fortalece para caminar en el Espíritu por el resto del día. Después de pasar tiempo en Su presencia notaremos una nueva capacidad de atención de Su presencia en nuestras actividades diarias.

Es cierto que «quedar llenos» durante el tiempo devocional no excluye la necesidad de orar sin cesar a lo largo del día.

*Tiempo devocional versus permaneciendo contin-
uamente*

Tiempo Devocional	Permaneciendo Continuamente
•Recibiendo la llenura de Dios	• Manteniendo la llenura de Dios
•Estudiando la Palabra de Dios	• Recordando la Palabra de Dios
•Esperando en Dios	• Caminando con Dios
•Orando sobre algunos asuntos particulares	• Orando momento a momento

Laubach Franco, el autor de muchos libros sobre la oración, alfabetización y justicia, dice: «Una hora devocional no es ningún sustituto de una "permanencia constante", pero es una ayuda indispensable; hace que el día empiece bien. Pero el día debe seguir bien. Debemos cultivar el hábito de volvernos a Dios siempre que dejemos una tarea y echemos una mirada alrededor para preguntar qué hacer después.»[2]

Así que, en realidad, los dos son importantes. Uno se alimenta del otro. Orar sin cesar es el resplandor de recibir la llenura de Dios en nuestros tiempos devocionales. No debemos cometer el error de sustituir uno por el otro.

¿Qué hace usted realmente durante el tiempo devocional?

El propósito de su tiempo devocional es desarrollar una relación íntima con Dios. Se trata de la amistad y no de reglamentos. Cuando se reúne con un amigo, ¿usted hace una lista precisa de antemano de lo que va a hacer y a decir? Claro que

Lo que el tiempo devocional no es

- **Un ritual religioso.** Más bien, es una relación con el Todopoderoso.
- **Lectura de la Biblia solamente.** La Biblia proporciona el sustento espiritual del tiempo devocional, pero pasar tiempo con Dios es más que la lectura de la Biblia.
- **Sólo oración.** Como la lectura de la Biblia, la oración es una parte del tiempo devocional. También debe incluir la adoración, confesión y escuchar a Dios.
- **Lectura de una guía devocional.** Es muy bueno tener un plan, pero es importante ir más allá del plan y entrar en la presencia de Dios Mismo.

no. Usted deja que la conversación fluya — simplemente disfruta de la compañía mutua. Así es como debe ser, también, el tiempo devocional con Dios. Sin embargo muchos cristianos lo tratan como un ritual en lugar de una relación.

El anhelo del apóstol Pablo capta el corazón del tiempo devocional: «Quiero conocerlo a Él (Cristo) y el poder de su resurrección y participar de sus padecimientos hasta llegar a ser semejante a Él en su muerte» (Filipenses 3:10). Jeremías cubre un terreno similar:

Así ha dicho Jehová: «No se alabe el sabio en su sabiduría, ni en su valentía se alabe el valiente, ni el rico se alabe en sus riquezas. Mas alábese en esto el que haya de alabarse: en entenderme y conocerme, que yo soy Jehová, que hago misericordia, juicio y justicia en la tierra, porque estas cosas me agradan».

Jeremías 9:23-24

Durante mi propio tiempo devocional me gusta leer la Biblia, meditar en los versículos que resaltan, adorar, orar y escribir en mi diario. Algunos días yo paso más tiempo en oración, otros días paso más tiempo en la Palabra de Dios y otros días escribo más en mi diario. Mi meta es conocer a Dios, no seguir una rutina.

No permita que su tiempo devocional sea un rosario evangélico – las mismas oraciones mecánicas ofrecidas día tras día y semana tras semana. La función más importante de un tiempo devocional es la de permitirle irrumpir en la presencia de Dios y de llegar a conocerle más íntimamente. En cuanto esta meta de una relación con Dios llega a nublarse con reglamentos y rituales, su propósito ha quedado derrotado.

Una señora describe su experiencia de esta manera:

Ya no me paso leyendo solamente la Biblia o haciendo peticiones. Yo Le escucho, medito en Su Palabra; tomo nota de lo que le oigo decirme. Intento hacer que este tiempo sea tan honesto, profundo e íntimo como sea posible. Cuando empecé a tener mi tiempo devocional, era como si me estuvieran marcando la tarjeta en el cielo - «Sí, ella estuvo aquí. ¡Diez minutos completos!» Últimamente, he tenido que obligarme a terminar.[4]

Ésta es la esencia de lo que estoy diciendo. El tiempo devocional es más que abrir una Biblia y decir sus oraciones. Es experimentar al Dios vivo. Es la comunión con el Rey. Es encontrarlo a Él y después, disfrutar de Su presencia bendita a lo largo del día.

No se concentre demasiado en lo que hace en su tiempo devocional; más bien, concéntrese en quién es Dios. El mejor método para usted será el que abre la puerta para experimentar al Dios vivo y que lo acerca más a Él.

Resumen del capítulo

- El tiempo devocional nos da el poder para andar en el Espíritu y «orar sin cesar» durante todo el día.
- No hay *una sola* manera fija de tener un tiempo devocional. Lo importante es acercarse a Dios, evitando así los ritos y las rutinas.

Pasos prácticos

- Escriba la diferencia entre un tiempo devocional diario y orar sin cesar.
- Escriba de qué manera habría definido los "devocionales diarios" antes de leer este capítulo. ¿Usted lo definiría de una manera diferente ahora? En ese caso, escriba una nueva definición.

Para el grupo de estudio

- ¿Qué obstáculos en su tiempo devocional le impiden acercarse más a Dios?

Tres

¿CUÁNDO ES
MI CITA?

Moreno Valley es una comunidad en el desierto - seco, bronceado y yermo. Cuando vimos cuadros de nuestra nueva casa por primera vez, el césped era verde; sin embargo, cuando llegamos estaba prácticamente muerto más allá de las posibilidades de reparación. Esto nos confundía, porque atrás de nuestra casa es un parque. Mientras nuestro césped estaba muerto; el pasto en el parque estaba vivo y bien.

En la primera noche en nuestra nueva casa hallamos la respuesta. Los rociadores automáticos funcionaron durante la tarde y en las horas de la madrugada para regar la propiedad del parque. El riego en las horas frescas de la tarde y en la madrugada refrescaba el césped para que pudiera resistir el cruel calor del día. Siguiendo el ejemplo, empezamos a hacer lo mismo.

El riego de los céspedes es muy parecido a pasar un tiempo con Dios – al reunirnos periódicamente con Él se refresca nuestra vida espiritual para que podamos enfrentar mejor el mundo seco y resquebrajado alrededor de nosotros. Cuando pasamos un tiempo consistente y a diario con Dios, nos mantenemos espiritualmente saludables y somos herramientas útiles en las manos de Dios. Jesús dice esto en Mateo 6:5-6: «Cuando ores, no seas como los hipócritas, porque ellos aman el orar de pie en las sinagogas y en las esquinas de las calles para ser vistos por los hombres; de cierto os digo que ya tienen su recompensa. Pero tú, cuando ores, entra en tu cuarto, cierre la puerta y ora a tu Padre que está en secreto.» Estos versículos sugieren que se aparte un tiempo específico para buscar al Padre - para meditar en Su Palabra, escuchar la voz del Espíritu, adorarle y hacerle conocer sus peticiones e interceder por otros.

Jesús hizo que fuera una prioridad cuando estaba sobre la tierra de pasar tiempo sólo con Su Padre. Lucas 5:15 explica que cuando la fama de Cristo se extendió, el éxito de su ministerio lo compelió a pasar más tiempo con Dios. El versículo 16 dice: «Pero él (Jesús) se apartaba a lugares desiertos para orar.» En medio de un ministerio que seguía creciendo, Él se apartaba de las multitudes para tener un tiempo tranquilo en oración. Si Cristo, nuestro modelo, daba prioridad a Su tiempo con el Padre, ¿no deberíamos hacer lo mismo nosotros?

Escogiendo el mejor horario

¿Cuándo es la hora perfecta para pasar un tiempo con Dios? Ninguno de nosotros puede contestar la pregunta de qué hora del día es el mejor para otra persona. Depende de quién es usted. El mejor momento dependerá de cuándo usted está más despierto y preparado para reunirse con Dios. Dios merece nuestro mejor momento, no los sobrantes rancios.

Figúrese lo siguiente

Usted está en la Casa Blanca esperando encontrarse con el Presidente de los Estados Unidos. En cinco minutos será su oportunidad para saludarlo y ver la Oficina Oval, el sueño de una vida. Usted está nervioso, aunque espera mostrarse sereno. Entonces ve que se abre la puerta y oye las palabras: «Pase, por favor.»

Ahora, figúrese lo siguiente. El Rey de Reyes, más importante que cualquier dignatario del mundo, ha solicitado su presencia. Él lo ha invitado a presentarse personalmente ante Su trono majestuoso. Y no tiene interés en un proceso para la toma de una fotografía o en un simple apretón de manos como un evento excepcional - Él quiere reunirse con usted todos los días.

La mañana

Jesús prefirió las horas de la mañana. Marcos 1:35 dice: «Levantándose muy de mañana, siendo aún muy oscuro, (Jesús) salió y se fue a un lugar desierto, y allí oraba.»

Jesús pasaba su tiempo con el Padre antes de empezar la ocupación de Su día. David nos dice en los Salmos acerca del tiempo de oración de la mañana: «Jehová, de mañana oirás mi voz; de mañana me presentaré delante de ti y esperaré.» (Salmo 5:3).

Un aspecto positivo del tiempo devocional durante las horas de la mañana es que su mente está fresca. Pero asegúrese que usted está despierto antes de entrar en la presencia del Omnipotente. En otras palabras, ¡salte de la cama! Algunas personas empiezan a orar en la cama en cuanto abren sus ojos. Lamentablemente, el adormecimiento es el enemigo número uno de los tiempos devocionales eficaces; la oración profunda puede convertirse rápidamente en un sueño profundo.

El himno de la mañana

¡Santo, Santo, Santo, Dios Poderoso!
Temprano en la mañana cantaré a Ti;
¡Santo, Santo, Santo! ¡Amoroso y Fuerte!
¡Dios en Tres Personas, bendita Trinidad!

Reginald Heber, 1783

Sí, es difícil vencer los hábitos arraigados en nosotros. Quizás tenga que cambiar de lugar el despertador a una mesa donde usted tenga que levantarse para apagarlo (¡esta sola acción podría despertarlo!). Después de saltar de la cama, haga que fluya su sangre. Lávese la cara, hágase una taza de café o haga un poco de 'jogging' - cualquier cosa que lo prepare para encontrarse con el Rey de reyes.

David dijo: «Despertad, salterio y arpa! ¡Me levantaré de mañana!» (en inglés, "al alba") (Salmo 57:8). La clave de la alabanza de David no se encuentra en su salterio y arpa; más bien, la clave se encuentra en su llamado para "levantarse" para seguir en pos del Dios vivo. Si va a agradar a Dios, asegúrese de haberse despertado antes de intentar alabarlo.

La tarde y la noche

Si usted ha luchado para tener un tiempo con Dios en la mañana, quizá usted no es una persona de la mañana. Muchas personas prefieren encontrarse Dios en la tarde o de noche. Woodrow Michael Kroll, presidente y maestro titular de la Biblia para el ministerio radial *De Vuelta a la Biblia*, dice:

¿Usted es una persona de la mañana? ¿Usted conoce a otros que dicen ser personas nocturnas? De cualquier modo, si somos personas de la mañana o de la noche, todos debemos preguntarnos si nuestro corazón está fijado en Dios. . . . Si somos de la mañana o de la noche, el que conoce y ama al Señor Dios puede tener un corazón sin perturbaciones mientras ve que el mundo gira alocadamente alrededor de él.[1]

Mi esposa, Celyce, cobra más vida por la tarde. Si ella necesita equilibrar el presupuesto o preparar una lección de estudio de la Biblia, lo hará por la tarde. Así que, cuando Celyce se comprometió primero a un tiempo devocional diario, era natural que ella escogiera las horas de la tarde.

Mucho depende de cómo usted está constituido. ¿Usted es más como una alondra o como un búho? Si escoge la tarde, le da la oportunidad de reflexionar en su día a la luz de las Escrituras y prepararse para la batalla del día siguiente. Además, las personas que pasan el tiempo diario con Dios por la tarde dicen que duermen más apaciblemente porque han puesto las cargas del día a los pies del Padre.

Consejos prácticos para despertar

Para mí es difícil apresurar mi tiempo de oración matutino. Necesito algún tiempo y espacio para la preparación después de levantarme por la mañana. Como no me agrada mucho el café, generalmente bebo un vaso de agua o jugo y después voy al baño para refrescarme un poco. A veces tomo una ducha antes del tiempo devocional, pero por lo general sólo me lavo la cara con agua fría para ayudar a despertarme.

Algunas personas prefieren salir a correr o tomar una ducha... En lo personal yo necesito la disciplina de empezar el día con Dios. Quiero darle en primer lugar toda mi atención antes de que distraerme o involucrarme con otras cosas.[2]

Repito, asegúrese de estar bien despierto. Es posible que no sea sabio de tener su tiempo devocional después de acostarse y justo antes de dormir. En tales circunstancias, será más fácil que se duerma sin haber oído del Todopoderoso.

Establezca su itinerario de antemano

El tiempo real que elige no importa tanto como el hecho que realmente elija un tiempo. Establecer una cita diaria con Dios es donde falla la mayoría de las personas. Un dicho común es: «Cuando encuentre tiempo me encontraré a solas con Dios.» Todos sabemos que el «tiempo extra» nunca llega.

Planificamos aquello que es importante para nosotros, y los que quieren pasar un tiempo diario con Dios planifican por adelantado. Si usted va a hablar con su jefe sobre el aumento de su sueldo, planificará la reunión de antemano. El Padre en el cielo también prefiere un tiempo específico. Escriba su cita con Dios en su agenda y dígale a la próxima persona o actividad que intenta ocupar esa hora: «Lo lamento, ya tengo fijada una cita.»

En cuanto haya fijado la cita, necesita prepararse bien para la misma. Por ejemplo, usted podría decir: «Me encontraré con Dios a las 5:30 mañana de mañana antes que mis hijos se despierten.» Una preparación adecuada para esta cita podría incluir acostarse a una hora razonable; poner el despertador, pedirle a Dios que le despierte a esa hora particular y orar para que le dé una gracia especial para estar alerta para recibir de Él. Dios se deleitará de contestar su oración mientras usted hace su parte con toda sinceridad.

Sea constante

Una falta de consistencia es uno de los más grandes estorbos al tiempo devocional regular y diario. Una planificación pobre – o ninguna planificación – les deja a las personas la posibilidad de decidir de tener su tiempo devocional «cuando me venga en ganas.» Puede sonar muy espiritual que estas personas pasen tiempo con Dios cuando se sienten «cargados» o cuando sientan el impulso. Pero aunque es extraordinario sentir la carga y la pasión de Dios, sin embargo ése no siempre será el caso. Como hemos notado, lo más probable es que nos sintamos cansados, atareados y preocupados con otras cosas.

Los que se proponen mantener una cita diaria con Dios y la cumplen hallarán muy pronto que la constancia – la de encontrarse con Dios en el mismo horario todos los días – vale la pena. La razón principal es pragmática: la probabilidad de que realmente tendrá su tiempo devocional aumentará porque se acostumbrará a apartar ese tiempo para ese fin. Se encontrará planificando sus actividades diarias alrededor de su tiempo devocional en lugar de intentar introducirlo en un horario atestado de actividades.

Para ayudarlo a ser constante, dígale a otra persona (compañero del cuarto, cónyuge, padre o amigo) del tiempo que ha elegido y pídale a esa persona que ore por usted. Si tenemos a otra persona que nos anime y que nos mantenga responsables, podría sernos de mucha ayuda para mantener el compromiso de un tiempo devocional diario.

El tiempo con Dios debe ser primero una disciplina antes de que pueda ser un gozo incesante. Hablando del tiempo devocional, Everett Lewis Cattell, un pastor Menonita en los años sesenta, dijo lo siguiente: «Debe mantenerse un cierto horario... para poder garantizar al menos que lo vamos a

Pautas para un tiempo devocional exitoso

- **Agéndelo periódicamente.** Escriba en su calendario o en su agenda. Guarde la cita así como si fuera una cita con cualquier otra persona.
- **Tenga una ubicación constante.** El tiempo pasado en el mismo lugar le ayuda a transformarlo en un hábito.
- **No pierda de vista un formato práctico.** La Biblia no enseña un solo enfoque. Averigüe qué es lo que funciona para usted.

realizar y que lo vamos a hacer. Felizmente, esto conduce a mejores cosas cuando la disciplina da lugar al gozo.»3

Haga que su tiempo devocional diario sea un hábito. Permita que llegue a ser parte de su rutina para que cuando usted no lo tiene, lo extrañe. No espere que le venga el impulso. Téngalo como una disciplina, y el impulso llegará.

Acepte los fracasos

Cuando lo eche a perder y no puede pasar ese tiempo con Dios, no permita que el diablo lo condene. Sí, usted fallará. Habrá circunstancias muy difíciles que le impedirán mantener su horario normal. Tome esas excepciones como tales y no se rinda.

Hace dos días pasamos la noche en Sacramento, California, en la casa de mi cuñado. Nos quedamos hasta tan tarde que ya no podía entender lo que me estaba diciendo Ken, mi cuñado.

A las 6 de la mañana del otro día yo debía transportar un piano al Moreno Valley, California, a ochocientos kilómetros de distancia. No, no me desperté a las 3 de la mañana para tener mi tiempo devocional con Dios. Y no, no me preparé la noche anterior. Después de una ducha rápida y un desayuno de pie, yo estaba en la ruta a las 6 de la mañana. En esas ocasiones, recuerde que Dios lo ama y anhela estar con usted. Efectivamente, Él estaba decepcionado cuando usted no se presentó hoy, pero mañana Él estará allí de nuevo con Sus brazos amorosos abiertos para recibirlo y revelarse a usted. Continúe planificando diligentemente para la cita de mañana y siga edificando la rutina. Confíe su camino a Dios y Él bendecirá sus esfuerzos.

Resumen del capítulo

- Jesús nos invita a pasar un tiempo con Él en un momento específico todos los días.

- La clave para determinar cuándo usted tendrá su tiempo devocional está en descubrir cuándo usted está más despierto.

- Para muchos, es mejor pasar un tiempo de calidad con Dios por la mañana; otros prefieren la tarde o la noche.

- La constancia es importante para desarrollar el hábito diario de un tiempo devocional.

Pasos Prácticos

- Determine si pasará un tiempo con Dios de mañana o de noche.

- Decida exactamente cuándo será su cita diaria con Dios.

- Ponga el despertador o programe por adelantado para asegurarse que usted mantendrá su compromiso (si es necesario para quedar despierto, tome café, haga 'jogging', etc.).
- Comparta su compromiso con otra persona y pídale que ore por usted.

Para el estudio del grupo

- Comparta con el grupo a qué hora usted prefiere tener su tiempo devocional y por qué usted prefiere ese tiempo.
- En una escala de 1 a 10, ¿qué constancia ha tenido de pasar ese tiempo con Dios?
- ¿Cuáles han sido los obstáculos para mantener la constancia de ese tiempo devocional diario (por ejemplo, adormecimiento etc.)?
- Tome un momento para contestar en los espacios más abajo (por lo menos uno para cada uno).

Las ventajas de la Mañana	Las ventajas de la Tarde	Las ventajas de la Noche
1. _____	1. _____	1. _____
2. _____	2. _____	2. _____
3. _____	3. _____	3. _____

¿IMPORTA REALMENTE CUÁNTO TIEMPO?

Cuando recibí a Jesús en 1973 yo anhelaba agradarle. Empecé por leer sobre los grandes hombres y mujeres de Dios que pasaban horas sobre sus rodillas todos los días.

Leí sobre Martín Lutero que confesaba que estaba tan ocupado que tenía que pasar tres horas por la mañana con Dios. Entonces descubrí que J. O. Frasier, un misionero a las tribus de Lisus de China occidental, pasaba la mitad del día en oración y la otra mitad evangelizando.1 Poco tiempo después encontré que Juan Welsh, un predicador famoso durante la Reforma, pasaba ocho horas por día en oración. *«Cómo puedo yo hacer menos?»*, me preguntaba. Me propuse seguir a estos gigantes espirituales y me fijé la meta de tres horas por día en la presencia de Dios.

Quizás Martín Lutero podría hacer malabares para mantener un devocional diario de tres horas por día, pero yo era un estudiante de la universidad de dieciocho años de edad, con un trabajo de jornada completa en un supermercado. «¿Dónde está Joel?», preguntó mi compañero de cuarto una tarde. Después de llamar varias veces finalmente me encontró - dormido sobre mis rodillas en mi lugar de oración. Intentar pasar tres horas sobre mis rodillas después de trabajar ocho horas todos los días simplemente no era realista. Finalmente comprendí que estaba durmiendo más de lo que oraba, así que me eché atrás.

Demasiado tiempo

Para los que empiezan su peregrinación de pasar un tiempo con Dios, existe el peligro de intentar pasar *demasiado* tiempo con Él. Cuando empieza a perder su celo, es fácil de sentirse agotado y podría dejar de tener el tiempo devocional totalmente. Al diablo le encantaría.

Es mucho mejor planificar a largo plazo. Recuerde, usted está corriendo una carrera de maratón, no la arremetida de los cien metros. El Pastor Marcos Littleton confesó: «Cuando leemos de estos excelentes hombres de oración, uno queda casi eliminado. Tan santo como lo fue David Brainerd. . . uno se cansa un poco de leer que él estaba en la nieve orando durante seis horas, y se levantaba mojado. Sin embargo, no de la nieve. ¡Del sudor!»[2]

Creo que esto pasa más de lo que nos damos cuenta. A veces nuestros héroes están mucho más adelante de dónde la mayoría de nosotros vive, trabaja y piensa que nos imaginamos que lo que ellos hicieron es algo irreal, de otro mundo y no para nosotros. Nunca intente ser un gigante espiritual en un solo salto de fe. Dios le revelará cuánto tiempo Él quiere que usted pase con Él cada día. Usted no tiene que dejar su trabajo y su familia y pasar ocho horas por día en oración. Fije una meta realista que pueda mantener en lugar de una que con toda seguridad romperá.

El tiempo no alcanza

«In-and-Out Burger» es una de las cadenas de comidas más populares en el sur de California. Se ordena una hamburguesa, bebida, papas fritas y rápidamente está afuera. Muchos se acercan a sus devocionales de la misma manera.

El problema es que toma su tiempo para entrar en la presencia de Dios y para poner a un lado los pensamientos de nuestras ocupaciones y preocupaciones del día. Si usted no alarga su tiempo en la presencia de Dios, si no se agarra fuerte de Él, es muy probable que no encontrará Su llenura. Deje la mentalidad de la comida rápida de «In-and-Out Burger», «McDonald» o «Burger King». Para recibir la plenitud de Dios tendrá que pasar tiempo en profunda meditación. Como dice el salmista: «Un abismo llama a otro (abismo)» (Salmo 42:7).

Cuídese de no privarse de la bendición de Dios por salir de Su presencia cuando Él está a punto de llenarlo. Durante su tiempo diario con Él, Jesús lo transforma, lo alimenta, lo

Recuerde . . .

• Comience con un tiempo realista al que se puede comprometer a largo plazo.

• Toma de cinco a diez minutos sólo para aclarar su mente y concentrarse en el Señor Jesús, así que evite la mentalidad de la comida rápida.

convence, anima y le da nueva luz y guía. No se puede entrar y salir apresuradamente y todavía esperar recibir Su llenura. ¡Cuántas veces he salido de la casa corriendo sin buscar a Dios adecuadamente, esperando lograr un poco más, sólo para volver machucado, deprimido y golpeado!

Logre un equilibrio

Mi recomendación por los que empiezan a tener su tiempo devocional es de empezar con media hora todos los días, con la meta de alcanzar una hora. Usted se preguntará: «¿Y por qué fijar siquiera un tiempo específico?» «¿Por qué no pasar tanto tiempo como sea necesario?»

Porque cuando usted pasa tiempo con Dios, será difícil sentir Su presencia. ¡Es posible que se sienta seco y pensará por qué tiene que mantener incluso una práctica tan ritualista! Recuerde que requiere de tiempo para desarrollar su intimidad con Dios.

En esos primeros días, propóngase seguir adelante aun cuando recibe poco durante su tiempo devocional. Mike Bickle, un pastor de la ciudad de Kansas, muy conocido por su ministerio de oración de 24 horas, escribe:

Cuando empiece a pasar 60 minutos en un tiempo de oración, no se sorprenda si sale con sólo 5 minutos que considera como un tiempo de calidad. Siga adelante, y esos 5 minutos se volverán 15, después 30, y después más aún. El ideal, por supuesto, es terminar con cantidad y calidad, no uno o el otro.[3]

Usted hallará que al establecer un tiempo apropiado para sus devociones personales, podrá perseverar mientras desar

A ti, Dios mío, en oración

A ti, Dios mío, en Oración
Con mi cuidado terrenal,
Allégome, y de corazón
Te manifestaré mi mal.
¡Oh, cuántas veces tuve en Ti
Refugio de mi tentación!
¡Y cuántas veces recibí
De Ti, Dios mío, en oración!

(Original: William H. Bradbury, 1861)

rolla una mayor intimidad con Dios. C. Pedro Wagner escribe que «es más aconsejable empezar con la cantidad que con la calidad en el tiempo de la oración diaria. Primero, el tiempo del programa. La calidad normalmente viene después.»[4] Cuanto más tiempo pasa con Dios, tanto más crecerá su deleite de pasar tiempo con Él. El hambre produce más hambre.

Cuando recién empecé a visitar a la que ahora es mi esposa, nuestro tiempo juntos era algo torpe. No estábamos seguros qué decir, cómo actuar o qué esperar. Al pasar más tiempo juntos, nuestra relación llegó a ser más natural. Nos entendíamos mejor y podíamos de nuestro tiempo junto mucho más plenamente. De igual modo, mientras consistentemente pasa su tiempo con Dios, usted notará una nueva libertad en Su presencia. La cantidad de tiempo llegará a ser más cualitativa a medida que usted crezca en su relación con Él.

No se rinda

Un hombre plantó un hermoso jardín que brindaba una comida rica y abundante. Su vecino lo vio y plantó su propio jardín durante la siguiente primavera. Pero el vecino no hizo nada para cuidarlo. No lo regó, cultivó ni lo fertilizó. Para el otoño él volvió a su devastado jardín. No había producido fruto y estaba cubierto de yuyos. Sacó en conclusión que la jardinería no servía. Quizás el problema era que la tierra era mala o simplemente que él no tenía «una mano para las plantas».

Entretanto, un tercer vecino empezó a cultivar un jardín. Éste no rindió demasiado al principio, pero trabajó mucho y siguió aprendiendo nuevas habilidades. Y mientras ponía en práctica sus nuevas habilidades año tras año, obtuvo de su jardín una cosecha cada vez más abundante.

Desarrollar un tiempo devocional relevante requiere de tiempo y de trabajo. No sucede «porque sí no más». Empiece con un cierto período de tiempo y sea constante. Es posible que no vea los resultados de inmediato, pero mientras busca a Dios con perseverancia diariamente, usted entrará en una relación de amor con Él. Su tiempo devocional llegará a ser la parte más emocionante de su día, y usted notará una nueva productividad en su vida.

Resumen del capítulo

- No se agobie pensando que Dios requiere una cantidad exorbitante de tiempo de usted.

- Es poco provechoso pasar demasiado tiempo o no pasar el tiempo suficiente en sus devociones diarias. El desafío es de alcanzar un sano equilibrio.

- Cuando empieza un tiempo devocional, comience con media hora y luego avance hasta que sea una hora. Algunos hombres y mujeres de Dios pasan más tiempo.

Pasos Prácticos

- Decida cuánto tiempo para el devocional le conviene más.
- Pase ese tiempo en su devocional diario durante las próximas dos semanas. Analice si este tiempo está funcionando para usted.

Para el estudio en grupo

- En su opinión, ¿cuánto tiempo debe pasar una persona en su tiempo devocional diario?
- ¿Cómo reacciona cuando oye hablar de los que pasan una enorme cantidad de tiempo cada día con Dios?
- Comparta su experiencia personal de pasar un tiempo diario con Dios (quizás intentando pasar demasiado tiempo o demasiado poco).
- Algunos han descubierto que es una buena idea de hacerse responsable ante otras personas con respecto a su tiempo devocional diario. Reúnase con uno o dos más para hablar sobre la marcha de su tiempo devocional durante la última semana.

Cinco

¿DIJO REALMENTE: «CIERRA LA PUERTA»?

En 1990 llegamos a Ecuador, América del Sur, como misioneros con la Alianza Cristiana y Misionera.

Como parte de mi primera experiencia en mi entrenamiento para ser misionero, viajé a un pequeño pueblo minero cerca de la frontera de Ecuador y Perú. La única manera de viajar más allá del pueblo era a pie o en mula.

Durante el día yo les disertaba en un español mal hablado a aproximadamente quince creyentes en una iglesia a medio terminar, al aire libre, sobre la importancia de pasar un tiempo diario con Dios. Les dije que debían encontrar un lugar silencioso donde ellos podrían pasar ese tiempo con Dios. Un obrero de las minas de carbón me preguntó si él podría tener su tiempo devocional en el bosque mientras iba a trabajar todas las mañanas. Le respondí con un fuerte sí. En el silencio

y la soledad de ese bosque era fácil encontrar un lugar para
estar a solas.

Cuán diferentes son nuestras modernas selvas urbanas,
donde reina el ruido y el silencio es escaso. En su libro «La
Intimidad con el Omnipotente», Charles Swindoll dice lo
siguiente:

> El nuestro es un mundo desordenado y complicado.
> Dios no lo creó de esa manera. La humanidad depravada
> e inquieta lo ha hecho de esa manera... Trágicamente,
> muy poco en este siglo apurado y molesto, promueve
> dicha intimidad. Nos hemos vuelto un grupo de perso-
> nas que se parece más a una manada de ganado en una
> estampida que a un rebaño de Dios junto a verdes pas-
> tos y aguas tranquilas. Nuestros antepasados sabían,
> parece, cómo tener comunión con el Omnipotente...
> ¿pero nosotros?[1]

Nos hemos acostumbrado tanto al ruido que casi nos sentimos incómodos con el silencio. Sin embargo Jesús dice: «...
Pero tú, cuando ores, entra en tu cuarto, cierra la puerta y ora
a su Padre que está en secreto» (Mateo 6:6).

Orando en secreto

La palabra griega que Jesús usa en Mateo 6:6 para el *cuarto* es
tameon, refiriéndose al lugar en el Templo del Antiguo Testamento donde se guardaban los tesoros. Algunos comentaris-
tas notan una relación entre el lugar de los devocionales y las
riquezas recibidas. Del mismo modo, cuando entramos en el
lugar secreto y «(cerramos) la puerta» para dejar afuera el
ruido y las preocupaciones de la vida diaria, encontramos la
preciosa presencia de Dios.

El tiempo de Cristo solo

- Su ministerio empezó con un ayuno de cuarenta días en el desierto (Mateo 4:1-11).
- Escogió a los doce discípulos después de pasar toda la noche solo (Lucas 6:12).
- Después de recibir noticias de la muerte de Juan el Bautista, «se apartó de allí, él solo, en una barca a un lugar desierto» (Mateo 14:13).
- Él se despidió para estar solo después de la alimentación milagrosa de los cinco mil (Mateo 14:23).
- Siguiendo una larga noche de trabajo, «Levantándose... salió y se fue a un lugar desierto» (Marcos 1:35).
- Después de que sanar al leproso, Jesús «se apartaba a lugares desiertos para orar» (Lucas 5:16).
- Preparándose para la cruz, pasó la noche orando solo en el huerto de Getsemaní (Mateo 26:36-46).

Jesús, por supuesto, estableció el ejemplo para nosotros. Él ministraba a las multitudes ruidosas, pero también entraba en los lugares secretos donde podía «cerrar la puerta» para tener comunión con el Padre. El evangelio de Lucas nos dice: «En aquellos días él (Jesús) fue al monte a orar, y pasó la noche orando a Dios. Cuando llegó el día, llamó a sus discípulos y escogió a doce de ellos...» (6:12-13).

Así como Jesús huía del ruido de la multitud para buscar al Padre, nosotros también debemos cerrar la puerta a las multitudes del trabajo, del ministerio y de la familia para buscar a Dios con éxito. Realmente no podemos esperar entrar en la presencia santa de Dios mientras quedamos sentados delante de la TV, siendo interrumpidos por las llamadas telefónicas o manejando en el vehículo de camino al trabajo.

En un nivel práctico, al cerrar la puerta nos ayuda a separarnos del ruido para oír la voz de Dios; en un nivel moral, nos protege del orgullo espiritual y de la jactancia. Los fariseos, una facción judía que enfatizaba la observancia de ciertos ritos y ceremonias, amaban buscar a Dios entre las multitudes. Tenían la costumbre de hacer sonar una trompeta antes de ofrecer sus oraciones para que la multitud notara su relación «especial» con Dios. Ellos amaban la alabanza de los hombres y la brillante adulación del título «Rabino».

Jesús expuso abiertamente los actos hipócritas de los Fariseos. Les dio estas instrucciones a Sus discípulos: «Cuando ores, no seas como los hipócritas, porque ellos aman el orar de pie en las sinagogas y en las esquinas de las calles para ser vistos por los hombres; de cierto os digo que ya tienen su recompensa» (Mateo 6:5).

Variedad en los lugares secretos

¿Cómo puede encontrar un «cuarto» dónde usted pueda cerrar la puerta? Use su creatividad y experimente hasta que encuentre lo mejor para usted. Algunos prefieren el tiempo devocional en un bosque o parque. Jesús prefería el desierto o la cima de una montaña (Lucas 5:16). Pedro buscó a Dios en una azotea (Hechos 10:9). Pablo se retiró a los camarotes internos de un barco (Hechos 27:23).

Los posibles lugares secretos

• La alcoba	• La playa	• El jardín
• El parque	• El traspatio	• El garaje
• La oficina	• El bosque	• El baño

Durante un invierno de Nueva York hace muchos años, yo tenía mi tiempo devocional diario en el baño. El único asiento disponible era el retrete. ¡El desafío era que debía tener mi tiempo devocional antes que mis compañeros del cuarto se despertaran y necesitaran acceder al mismo! En ocasiones normales paso mi tiempo devocional en la oficina de mi casa, pero cuando puedo me encanta buscar a Dios al aire libre en el parque o junto a un lago. El único criterio para determinar su lugar secreto es de asegurarse que la quietud reina supremo. Some people say they cannot find a place to be alone. Okay, it might be difficult, but impossible? What about the first time you were in love with someone? Was it impossible to find a meeting place? Ask God and He will help you find a solitary place.

Me gusta el consejo de Pablo Cedar: «Es importante para mí tener un lugar privado donde puedo orar en voz alta y cantar, reír, llorar o cualquier otra cosa que sea apropiado en oración sin el miedo de interrumpir a otros. Me agrada estar en un medio que me permite estar libre para tener comunión con Dios sin sentirme cohibido.»2 El mejor lugar es donde usted pueda gritar, cantar, llorar o simplemente esperar en silencio. Si usted se está preguntando constantemente si alguien lo está escuchando, es difícil ser transparente delante de Dios.

Algunas personas dicen que ellos no pueden encontrar un lugar para estar solos. De acuerdo, podría ser difícil, pero ¿imposible? ¿Qué hay de la primera vez que se enamoró de alguien? ¿Fue imposible encontrar un lugar para verse? Pídale a Dios y Él le ayudará a encontrar un lugar solitario.

Distracciones comunes del tiempo devocional

• Llamadas telefónicas	• Niños gritando	• Música fuerte
• El timbre	• Sentimiento de hambre	• Televisión

Posibles distracciones

Una parte importante de la preparación para su tiempo devocional es de vigilar contra las distracciones. Recuerde a sus hijos de antemano que usted estará en su tiempo devocional con Dios. Asegúrese que su contestadora telefónica esté funcionando. Si recuerda de repente alguna tarea urgente, resista la tentación de dejar su tiempo devocional para hacerla. Recuerde cuánto necesita el pan diario de Dios.

En más de una ocasión yo mismo no he seguido mi propio consejo. En cambio he perseguido «senderos de conejos» durante mi tiempo devocional y, al final, recibía muy poco de Dios. Cuando miro atrás a esos días, me doy cuenta que había un modelo de irritación y frustración.

Mientras se niega a permitirle a Satanás que lo condene cuando algunas circunstancias imprevistas desvían su atención, prepárese tanto como sea posible para mantener la tranquilidad de su tiempo devocional.

La cuestión de la postura

Pablo les dijo a los romanos que ofrecieran sus cuerpos como sacrificios vivos, santos y agradables a Dios (Romanos 12:1). ¿Se puede imaginar a alguien ofreciendo su cuerpo a Dios?

Ofrecer nuestros cuerpos en adoración es simplemente una de las muchas posturas encontradas en la Biblia. No existe una postura correcta para el tiempo que pasa con Dios. Hoy después de escuchar una canción de adoración en mi equipo para escuchar CD, quedé colmado con la gracia y la fidelidad de Dios hacia mí. Caí al piso con las manos en alto. Lloré delante de Dios, dándole gracias por Su bondad. Cuando Dios le da una visión fresca por Su santidad, es bueno caer sobre sus rodillas por respeto y reverencia. En el Antiguo Testamento, el arrodillarse expresaba humildad y reverencia. «Venid, adoremos y postrémonos; arrodillémonos delante de Jehová, nuestro hacedor», dice el salmista (Salmo 95:6).

Sin embargo, la postura es útil solamente cuando expresa la realidad del corazón. Postrarse dolorosamente delante de Dios durante horas en su tiempo devocional porque supone que Él lo requiere, desagradaría a Dios. Dios odia los ritos religiosos que no están respaldados con la realidad del corazón. Escuche lo que Dios dice sobre los ritos religiosos a través de Su profeta Isaías:

> No me traigáis más vana ofrenda; el incienso me es abominación. Luna nueva, sábado y el convocar asambleas, no lo puedo sufrir. ¡Son iniquidad vuestras fiestas solemnes! Mi alma aborrece vuestras lunas nuevas y vuestras fiestas solemnes; me son gravosas y cansado estoy de soportarlas. Cuando extendáis vuestras manos, yo esconderé de vosotros mis ojos; asimismo cuando multipliquéis la oración, yo no oiré; llenas están de sangre vuestras manos. (Isaías 1:13-15).

Uno de los pasajes más conmovedores con respecto a la adoración se encuentra en 1 Crónicas 29:10-13. Se puede sentir la pasión y el amor por Dios en la adoración de David:

Posturas Bíblicas para adorar a Dios

- Adorando (ver 2 Reyes 18:22; Salmo 5:8)
- Inclinado o Arrodillado (ver 2 Crónicas 29:29; Esdras 9:5; Salmo 22:30)
- Inclinado (ver Génesis 24:26, 48,; Éxodo 4:31)
- Postrado (ver Deuteronomio 9:25; Esdras 10:1)
- Inclinando la cabeza (ver Isaías 58:5; Miqueas 6:6)
- De pie delante del Señor (ver Nehemías 9:2; Salmo 106:30; Jeremías 18:20)
- Alzando las manos (ver Salmo 63:4)

Asimismo se alegró mucho el rey David, y bendijo a Jehová delante de toda la congregación; y dijo David: «Bendito seas tú, Jehová, Dios de Israel, nuestro padre, desde el siglo y hasta el siglo. Tuya es, Jehová, la magnificencia y el poder, la gloria, la victoria y el honor; porque todas las cosas que están en los cielos y en la tierra son tuyas. Tuyo, Jehová, es el reino, y tú eres excelso sobre todos. Las riquezas y la gloria proceden de ti, y tú dominas sobre todo; en tu mano está la fuerza y el poder, y en tu mano el dar grandeza y poder a todos. Ahora pues, Dios nuestro, nosotros alabamos y loamos tu glorioso nombre.

Después de sentir la gloria de Dios y su presencia, leemos que David y la congregación «inclinándose adoraron delante de Jehová y del rey.» (1 Crónicas 29:20). Inclinarse era una contestación natural ante la gloria y el poder de Dios. Las personas no podían hacer menos. Alzar las manos es otra expresión común de adoración a Dios. En el Antiguo Testamento, cuando se alzaba las manos, era una señal de alabanza y agradecimiento. Note la conexión en Salmo 63:4: «Así te bendeciré en mi vida; en tu nombre alzaré mis manos.» Habrá tiempos en que estará tan lleno del gozo y de la gloria de Dios que querrá expresar su amor a Jesús alzando sus manos.

La mayor parte del tiempo, usted querrá encontrar una posición que es cómoda. Su tiempo devocional debe ser un deleite y no una carga. ¿Le gusta orar sentado? Hágalo. ¿Prefiere arrodillarse o quedar postrado delante de Dios? Eso también es correcto.

Personalmente, me gusta orar caminando. Aprendí hace tiempo en el Seminario Bíblico que la posición de estar sentado o acostado, sobre todo después de una comida grande, hace que uno tenga ganas de dormir. Me siento más «conectado» con Dios mientras oro caminando. De nuevo, haga lo que es cómodo para usted y que le permita disfrutar su tiempo con Dios.

Resumen del capítulo

- Dios desea que escoja un lugar particular durante su tiempo devocional donde pueda «cerrar la puerta» al ruido y a las actividades exteriores.

- El único criterio para escoger un lugar secreto es que le permite concentrarse en Dios y expresarse libremente delante de Él.

- Siga la guía del Señor cuando escoja las posturas en su tiempo devocional (arrodillándose, postrándose, etc.). Una posición natural y cómoda es lo mejor.
- Más importante que la posición física es la actitud del corazón.

Pasos prácticos

- Escoja la ubicación física donde pasará su tiempo con Dios.
- Pase tiempo con Dios en ese lugar particular y determine si refuerza la soledad y la tranquilidad. Si no, escoja otro lugar secreto.
- Experimente con varias posturas (arrodillándose, postrándose, de pie, caminando) durante su tiempo devocional.

Para el estudio en grupo

- ¿Por qué las personas podrían huir de la soledad y el silencio rodeándose con el ruido y la actividad?
- Comparta algunos lugares secretos en las que usted ha pasado su tiempo devocional con Dios. ¿Había alguno mejor que otro? ¿Por qué sí o por qué no?
- ¿Cuál es su lugar secreto favorito? ¿Por qué?
- Comparta varias posturas que usted ha practicado en el pasado. ¿Cuál es la postura que usted prefiere? ¿Por qué?

Seis

¿JUGANDO A LAS ESCONDIDAS?

Mientras enseñaba un curso sobre las misiones hace unos años, investigué el tema de buscar a Dios. Un estudiante brillante me desafió inmediatamente delante de toda la clase: «¿Por qué necesitamos buscar a Dios? Él no necesita ser encontrado.»

«Bueno, este, porque realmente tenemos que hacerlo», yo chapuceé. Abriéndome paso entre argumento y argumento como un boxeador que intenta evitar otro golpe, yo intentaba convencerme a mí mismo tanto como a la clase. Hallé que me estaba poniendo dogmático, sin entender realmente cómo explicar el concepto. En cuanto pude, volví al tema de las misiones.

Aunque no pude expresar a la clase esa noche los *por qué* y los *cómo* de buscar a Dios, yo sabía por mi experiencia personal

---

Principios claves

- Dios quiere que lo busquemos porque nos muestra nuestra dependencia en Él.
- Dios se revelará al que lo busca - él quiere que lo hallemos.
- Dios Mismo es el premio principal de nuestra búsqueda.

---

que Dios quiere que lo busquemos. También sabía que la Biblia estaba repleta de referencias sobre la importancia de buscar a Dios.

Es más, durante años mi Escritura favorita era Hebreos 11:6: «Sin fe es imposible de agradar a Dios, porque es necesario que el que se acerca a Dios crea que él existe y que recompensa a los que le buscan.»

Más tarde mientras reflexionaba en la frase «buscando a Dios», dos cosas me quedaron muy claras. Primero, Dios nos invita a buscarlo porque Él quiere que dependamos de Él. Segundo, Dios desea que lo busquemos porque Él anhela revelarse a nosotros.

Dios no está jugando a las escondidas con nosotros, esperando que no lo hallemos. Más bien, Él nos dice que si lo buscamos, lo hallaremos. Encontrar a Dios simplemente quiere decir experimentar Su presencia, descubrir Su voluntad para nuestras vidas y crecer para conocerlo más íntimamente.

Bendita dependencia

Cuando buscamos a Dios, realmente estamos diciendo: «Dios, yo te necesito. Si no me puedo comunicar contigo, no hay esperanza.» Estamos confirmando las palabras de Cristo cuando dijo: «Sin mí nada podéis hacer» (Juan 15:5).

Tan a menudo venimos a Dios con planes y agendas preconcebidos. Le decimos lo que queremos hacer y después le pedimos que bendiga nuestros planes. Pensamos que sabemos lo que es mejor.

Dios quiere que le busquemos primero a Él. Él desea nuestra dependencia y aun nuestra impotencia. Jim Cymbala, el autor de «Viento Fresco, Fuego Nuevo» (*Fresh Wind, Fresh Fire*), dice: «He descubierto una verdad asombrosa: Dios es atraído hacia la debilidad. Él no puede resistirse a los que humilde y honestamente admiten cuán desesperadamente ellos lo necesitan. Nuestra debilidad, de hecho, da lugar para su poder».1 Cuando buscamos a Dios estamos diciendo: «Dios, necesito que me guíes a cada paso y que me ayudes a tomar cada decisión. Aparte de Ti no puedo hacer nada.»

Cuando buscamos a Dios demostramos nuestra confianza en Él. Tomemos la historia del Antiguo Testamento del Rey Asa. Penosamente excedido en número por Zera, el etíope, que marchó contra él con un inmenso ejército y trescientos carros, Asa clamó a Dios y dijo:

El método de Cristo para llevar fruto

Yo soy la vid verdadera y mi Padre es el labrador... Permaneced en mí, y yo en vosotros. Como el pámpano no puede llevar fruto por sí mismo, si no permanece en la vid, así tampoco vosotros, si no permanecéis en mí. Yo soy la vid, vosotros los pámpanos; el que permanece en mí y yo en él, este lleva mucho fruto, porque separados de mí nada podéis hacer. 6El que en mí no permanece, será echado fuera como pámpano, y se secará; y los recogen, los echan en el fuego y arden.

Juan 15:1, 4–6

¡Jehová, para ti no hay diferencia alguna en dar ayuda al poderoso o al que no tiene fuerzas! Ayúdanos, Jehová, Dios nuestro, porque en ti nos apoyamos, y en tu nombre marchamos contra este ejército. Jehová, tú eres nuestro Dios; no prevalezca contra ti el hombre

2 Crónicas 14:11

¿La respuesta de Dios? «Jehová deshizo a los etíopes delante de Asa y delante de Judá» (2 Crónicas 14:12). Después, el Espíritu de Dios vino sobre Azarías, el hijo de Oded que salió al encuentro de Asa y le dijo: «Oídme, Asa, todo Judá y Benjamín: Jehová estará con vosotros si vosotros estáis con Él; y si lo buscáis vosotros lo hallaréis; pero si lo dejáis, él también os dejará» (2 Crónicas 15:2).

Asa no podría haber derrotado a los etíopes con su pequeño ejército. Él necesitaba desesperadamente que Dios le concediera la victoria. En un estado de impotencia, él mostró su dependencia absoluta en Dios cuando lo buscó de verdad. Dios demostró Su gran poder a su favor. Ejemplos como éste abundan a lo largo de toda la Biblia.

Cuando buscamos a Dios en nuestro tiempo devocional, Él se agrada de nuestra dependencia en Él para todas las decisiones, preocupaciones y dificultades. Cuando estoy luchando con la familia, las finanzas o el futuro, he aprendido

Busque a Dios en tiempos de . . .

- Gratitud
- Crisis
- Necesidad de guía
- Miedo al fracaso
- Crisis
- Desafío

a ir directamente a Jesús. He descubierto que Él anhela verme en un estado de confianza y dependencia.

Creo que a veces, incluso, Dios permite que tengamos dificultades y pruebas para que seamos movidos a depender de Él. He visto que cuando me pongo demasiado autosuficiente e independiente, Dios pone a menudo una prueba cuidadosamente diseñada en mi vida para hacerme recordar que debo poner mi dependencia una vez más en Él.

El deleite de Dios es revelarse a nosotros

A Dios le encanta revelarse al que lo busca. Él dijo a Israel, Su pueblo, que «Me buscaréis y me hallaréis, porque me buscaréis de todo vuestro corazón. Seré hallado por vosotros» (Jeremías 29:13-14). Dios no está esperando que nos flagelemos o que ganemos distintivos de méritos antes de que Él se revele. Dios *anhela* manifestarse.

Andrés Murray, un famoso autor devocional del siglo XIX, creía que Dios quería revelarse a los que lo buscan durante sus tiempos devocionales.2 Él aconsejaba a los que entraban en su tiempo devocional que buscaran a Dios y experimen-

Las pautas de buscar a Dios

- Busca a Dios Mismo, en lugar de Su recompensa.
- Insista en buscarlo aún cuándo no sienta Su presencia.
- Espere encontrarle y experimentar Su gozo.
- Niéguese a permitir que su tiempo devocional llegue a ser un ejercicio estéril.

A Dios le encanta revelarse al que lo busca - es sólo una cuestión de tiempo antes de que Él se revele a usted.

taran Su presencia. Los consejos de Murray transformaron mi propio tiempo con Dios. De repente yo tenía una meta, un propósito. Yo quería encontrar a Dios. Quería experimentar Su gozo, Su paz y Su gloria.

Cuando uno de mis amigos íntimos luchaba con la sequedad en su tiempo devocional, le hablé del consejo de Murray. Él escribió después:

Recuerdo algo que usted dijo cuando estábamos caminando en ese hermoso parque en el área de Pasadena. Usted dijo que no dejara mi tiempo devocional hasta sentir que había *tocado* al Señor. Bien, eso es algo que he practicado, que es a veces un asunto de la voluntad. Esto me ha producido gozo al estar con Él. Yo dejo ahora mi tiempo a Dios con un sentimiento de paz y propósito.[3]

Bruce Wilkinson, el autor de «La Oración de Jabes», aconseja lo siguiente: «Decídase a buscar al Señor hasta que lo encuentre.»[4] Habrá tiempos cuando Dios no se revela inmediatamente. En esos momentos podemos sentirnos como el salmista que clamó: «¿Por qué te abates, alma mía, y te turbas dentro de mí? Espera en Dios, porque aún he de alabarlo, ¡salvación mía y Dios mío» (Salmo 42:5-6).

Muchos han llamado a estos tiempos de depresión «la noche oscura del alma». En estos tiempos Dios nos prueba,

Confiese todo pecado conocido

He aquí que no se ha acortado la mano de Jehová para salvar, ni se ha endurecido su oído para oír; pero vuestras iniquidades han hecho división entre vosotros y vuestro Dios y vuestros pecados han hecho que oculte de vosotros su rostro para no oíros. (Isaías 59:1–2).

pidiéndonos que sigamos buscando. Jeanne Guyon, una escritora devocional francesa del siglo XVII, dice: «El hecho que usted tendrá períodos de sequía espiritual no es el problema. La cuestión importante es, ¿qué es lo que hará en un tiempo de sequía espiritual?»5

Nos guste o no, es a menudo en este proceso de buscar a Dios que aprendemos lecciones importantes. Y aunque atravesemos tiempos de sequía espiritual, la parte emocionante es que Dios Mismo está esperando al final de ese viaje con Sus brazos extendidos, anhelando llenarlo de nuevo.

Si usted no encuentra a Dios hoy en su tiempo devocional, no se marche descorazonado. Sepa que Él se revelará a usted. Siga buscándolo y seguramente disfrutará del fruto de su búsqueda.

Gozo en Su presencia

Cuando Dios se nos revela, sentimos a menudo el gozo en Su presencia. Esta alegría es el mejor barómetro para decirnos cuando hemos encontrado a Dios realmente. Experimentamos la esperanza del Rey David: «Me (has mostrado (Versión Inglesa)) la senda de la vida; en tu presencia hay plenitud de gozo, delicias a tu diestra para siempre.» (Salmo 16:11).

Muchas personas confunden el gozo con la alegría. La alegría está basada en nuestros acontecimientos actuales - las condiciones que enfrentamos. El gozo, sin embargo, es un fruto del Espíritu (Gálatas 5:22) y no depende de los sentimientos o circunstancias. Cuando experimentamos la presencia de Dios, aunque no cambien las circunstancias difíciles - seremos conscientes del suave resplandor de gozo – el dulce reconocimiento que Dios se ha manifestado. Su alegría permanece mientras seguimos para enfrentar el siguiente día.

El gran premio

Más importante que el gozo que recibimos es el premio de encontrar a Dios Mismo. Gozo, paz, dirección o cualquier otro beneficio es algo distante en segundo lugar ante la emoción de experimentar al Mismo Dios. Dios le dijo a Abraham: «Yo soy tu escudo, y tu recompensa será muy grande» (Génesis 15:1). Mientras busca a Dios diligentemente en su tiempo devocional diario, no sólo se hallará creciendo en su intimidad con el Omnipotente sino que también descubrirá que conocer a Dios es su mayor recompensa.

Resumen del capítulo

• La búsqueda de Dios demuestra nuestra dependencia en Él.

• Dios desea revelarse a nosotros.

• Seguramente experimentaremos tiempos de sequía espiritual, pero si perseveramos, Dios está esperando por nosotros al final de ese período.

• El gozo de Dios es un indicador de que realmente lo hemos hallado.

• La mejor recompensa de la búsqueda de Dios es encontrar a Dios Mismo.

Pasos prácticos

- Revise las Escrituras presentadas en este capítulo sobre la búsqueda de Dios. Comprométase a buscarlo en su tiempo devocional.
- Examine el nivel de gozo en su corazón después de pasar tiempo en Su presencia. ¿Siente que Él lo ha llenado?
- Pídale a Dios que lo llene de Su gozo en su tiempo devocional.

Para estudiar en grupo

- ¿Ha sentido la presencia de Dios en su tiempo devocional? Comparta su experiencia.
- ¿Cómo sabe generalmente cuando ha encontrado a Dios?
- ¿Cuáles son algunos de los impedimentos que ha experimentado cuando está buscando a Dios?

LAS DISCIPLINAS DE UN TIEMPO DEVOCIONAL

En esta sección nos enfocaremos en la manera *cómo* hemos de buscar a Dios. Habiendo tratado las mecánicas del tiempo devocional, tales como el lugar y la postura, pondremos ahora nuestra atención en su contenido – específicamente, las disciplinas involucradas en un tiempo devocional significativo.

Las disciplinas espirituales de la lectura de la Biblia y la oración están en el corazón del tiempo devocional. Las disciplinas espirituales de la adoración, confesión y escuchar nos ayudan a crecer en la intimidad con Dios. Tener al día un diario nos permite registrar todo lo que Dios está haciendo en nuestras vidas.

Las disciplinas espirituales no nos harán crecer automáticamente; sin embargo, sí proporcionan las condiciones para que Dios trabaje en nuestras vidas. Marjorie J. Thompson, directora del Centro para la Espiritualidad Cristiana, dice:

Las disciplinas espirituales son como las herramientas del jardín. La mejor pala y azada en el mundo no pueden garantizar una buena cosecha. Sólo aumentan las probabilidades de un crecimiento sin impedimentos. El misterio de la maduración está en el corazón de la semilla, y el resultado de la siembra en gran medida de las variaciones del tiempo. Sin embargo, las herramientas son importantes para ayudar a asegurar que las semillas plantadas den fruto. Las herramientas pueden quitar las piedras y las raíces, permitir la entrada del aire en la tierra, y quitar la cizaña y regar el jardín.[1]

Es importante recordar que cada disciplina, cada herramienta, es importante y funciona juntamente con las demás. Ninguna puede tomar el lugar de la otra. Por ejemplo, muchas personas pasan sus tiempos devocionales leyendo un número fijo de capítulos de la Biblia cada día. Es cierto, un tiempo devocional sin la Biblia deja poco sustento, pero leer la Biblia no es lo mismo que el tiempo devocional. En otras palabras, llenar todo su tiempo devocional con la lectura de la Biblia es como comer carne para el desayuno, almuerzo y cena. ¿Se irá lleno? Sí. ¿Recibirá importantes sustancias nutritivas? Sí. ¿Es un a dieta balanceada? No. Todavía necesita verduras, fruta y ensalada. La carne es muy importante, pero piense en una dieta balanceada cuando llega el tiempo devocional con Dios.

Todos los capítulos en esta sección cubren una disciplina espiritual diferente. Lo más probable es que usted no llegará a practicar cada disciplina durante cada tiempo devocional. Deberá, sin embargo, entender las disciplinas espirituales, saber cómo funcionan, y después permitir que el Espíritu de Dios las utilice en su tiempo devocional.

LA LECTURA DE LA PALABRA DE DIOS

«Realmente quise descarriarme, pero no pude hacerlo», nos dijo Owen. Como estudiantes de la Universidad bíblica en Alberta, Canadá, estábamos teniendo nuestro tiempo de testimonio y estímulo semanal. Apretujados juntos al final de un largo y estrecho vestíbulo del dormitorio, escuchábamos muy atentos el testimonio de Owen.

«Como adolescente probé la bebida, el cigarrillo y las fiestas con los que no eran cristianos. Lo más asombroso es que cada vez que intentaba pecar, la Palabra de Dios seguía inundando mi mente.»

«Cuando era un niño, mis padres insistieron que yo memorizara grandes porciones de las Escrituras. Cuando quise rebelarme como adolescente, esos versículos de la Biblia seguían viniendo a mi mente en los momentos más inoportunos. Probé de escuchar la música de rock muy fuerte, sin embargo en los momentos cuando había silencio me sobrevenía la Palabra de Dios.»

«Estaba molesto con mis padres por insistir en que yo memorizara la Biblia», dijo Owen. «Ahora, sin embargo, doy gracias a Dios por ellos. Como se darán cuenta, la Palabra de Dios ganó la batalla, y aquí estoy en la escuela bíblica.»

Owen terminó su testimonio leyendo Salmo 119:11: «En mi corazón he guardado tus dichos, para no pecar contra ti.»

Cura para el corazón errante

Todos nosotros, como Owen, somos propensos a vagar lejos de Dios. Es nuestra naturaleza. Necesitamos un ancla para amarrar las fibras del corazón a la voluntad de Dios. Ese ancla es la Palabra de Dios. Refiriéndose a la Biblia, el autor dice: «...para asirnos de la esperanza puesta delante de nosotros, la cual tenemos como segura y firme ancla del alma» (Hebreos 6:18b-19). Cuando las olas del pecado y la desesperación buscan de forzarnos a soltarnos, la Palabra de Dios nos sostiene cerca de Dios.

Tu Palabra es como un jardín, Señor

Tu Palabra es como un jardín, Señor,
Con flores luminosas y brillantes;
Y todos los que buscan pueden arrancar
Un racimo encantador allí.
Tu Palabra es como una muy profunda mina,
Y joyas ricas y raras
Están ocultas en sus poderosas profundidades
Para todo investigador allí.

Edwin Hodder, 1837

Dios les dijo a los gobernantes de Su pueblo que leyeran Su ley todos los días - no sólo en los días especiales o en el Sábado. Él dijo:

> Cuando se siente sobre el trono de su reino, entonces escribirá para sí en un libro una copia de esta Ley, del original que está al cuidado de los sacerdotes levitas. Lo tendrá consigo y lo leerá todos los días de su vida, para que aprenda a temer a Jehová, su Dios, guardando todas las palabras de esta Ley y estos estatutos, y poniéndolos por obra. Así no se elevará su corazón sobre sus hermanos, ni se apartará de estos mandamientos a la derecha ni a la izquierda, a fin de que él y sus hijos prolonguen los días de su reino en medio de Israel.

Deuteronomio 17:18–20

Empiece su tiempo devocional leyendo la Palabra de Dios. La Biblia es la carta de amor de Dios para nosotros, instruyéndonos cómo vivir una vida santa y exitosa. No sólo lo mantendrá alejado del pecado sino que también le revelará quién es Dios. Empezará a entender Su naturaleza, cuánto Él lo ama y Su plan perfecto para su vida. Cuando la Palabra de Dios llene su corazón, entonces fluirá naturalmente la adoración, la confesión de pecado, oirá Su voz y orará por otros.

Vaya a la fuente

Hay muchas grandes guías devocionales en el mercado hoy día. Algunos autores son excelentes escritores para el tiempo devocional. Mi única advertencia es que usted no permita que ningún libro o guía llegue a reemplazar la santa Palabra de Dios. Todas las herramientas son sólo débiles espejos de la Biblia.

La Biblia no tiene errores. Esto no es verdad de otros libros o guías. Podemos leer la Biblia con toda confianza, sabiendo que todo en ella es digno de total confianza (2 Timoteo 3:16). Cuando abre la Palabra de Dios en el tiempo devocional, puede estar seguro que Dios Mismo está hablándole.

No sólo es inspirada la Palabra de Dios sino que también tenemos un Ayudador divino para ayudar nuestra comprensión al leerla. Jesús prometió que el Espíritu Santo nos «guiará a toda verdad» (Juan 16:13). Ya que el Espíritu Santo vive dentro de cada creyente renacido, Él estará allí mismo para revelar la verdad de Dios a usted. Como dijo el apóstol Pablo: «Y nosotros no hemos recibido el espíritu del mundo, sino el Espíritu que proviene de Dios, para que sepamos lo que Dios nos ha concedido» (1 Corintios 2:12).

Antes de leer la Biblia, pídale a Dios que le dé Su sabiduría. Usted podría decir: «Espíritu Santo, ayúdame a entender la Biblia y aplícalo a mi andar diario.» Ésta es la oración que a Dios le agrada oír y contestar.

Dios también nos ha dado la promesa de éxito y prosperidad al leer Su Palabra. Esto no es verdad de ningún otro libro o guía. Refiriéndose al que lee y medita en la palabra de Dios, Salmo 1:3 dice: «...y todo lo que hace prosperará..» En Josué 1:8 Dios dice que «harás prosperar tu camino y todo te saldrá bien», para el que medita y obedece Su Palabra. Éstos simplemente son algunas de las muchas promesas de la Biblia para los que se deleitan en la Palabra de Dios. La verdadera pregunta es esta: ¿Podemos darnos el lujo de no leer Su Palabra diariamente?

Establezca un plan de lectura de la Biblia

Mi hija de diez años de edad inició recientemente su propio tiempo devocional. Ella insistió en empezar en Génesis y seguir hasta leer toda la Biblia. «Sarah», le dije, «tú debes considerar la posibilidad de saltear el Antiguo Testamento y empezar con el Nuevo Testamento.»

«No», dijo ella, «yo sé lo que yo estoy haciendo.»

Aproximadamente dos meses después (y le doy crédito por durar tanto tiempo), ella dijo: «Papá, la Biblia es tan aburrida. Yo no sabía que tendría que leer tantos versículos sobre las medidas del templo, las vestiduras del sacerdote... Estoy trancada en Éxodo.» Al igual que Sarah, muchas personas bien intencionadas empiezan su viaje de lectura bíblica en Génesis y terminan antes de terminar el libro de Números.

Otro método que utilizan muchos cristianos es de sentarse, abrir la Biblia y empezar a leer en el lugar donde abre. Ellos sienten que es más espiritual leer la Biblia de esta manera. El resultado, sin embargo, es una visión desarticulada e incompleta de las Escrituras.

Personalmente, he probado muchos métodos de lectura de la Biblia. He recorrido la gama desde el microanálisis de uno o dos pasajes de las Escrituras hasta el galope a través de veinte capítulos todos los días (me discipliné - o castigué – por no acostarme hasta haber terminado de leer mis veinte capítulos). He probado de arrancar en Génesis y seguir hasta Apocalipsis, con poco éxito.

Sin embargo, durante los últimos quince años, he hallado mi ritmo usando la Biblia De Un Año. La Biblia De Un Año es una Biblia completa, «normal.» Tiene todos los libros de la Biblia, dispuestos como lecturas diarias que le permiten progresar a través de la Biblia en un año.

Recomiendo mucho la Biblia De Un Año porque proporciona una dieta equilibrada que incluye una porción diaria del Antiguo Testamento, Nuevo Testamento, Salmos y Proverbios. ¡Y si usted es fiel con su plan, puede regocijarse el 31 de diciembre de haber leído toda la Biblia!

Para los que sienten que el ritmo de la Biblia De Un Año es demasiado rápido y prefieren leer la Biblia más despacio, otra dieta equilibrada sería leer un libro entero del Nuevo Testamento entero (un capítulo por día), después leer un libro entero del Antiguo Testamento (un capítulo por día). Complemente cada día leyendo un Salmo o un Proverbio.

Hay muchos excelentes planes de lectura de la Biblia, y usted podría encontrar uno que le sirve mejor que los que yo he mencionado. Lo importante, sin embargo, es establecer un plan sistemático de lectura bíblica durante su tiempo devocional. Recuerde el ancla.

Más que un estudio

Cualquiera que enseña de la Biblia, digamos un ministro o alguien que dirige un grupo en un hogar, podría ser tentado a usar su tiempo devocional como un tiempo de preparación. Evite de hacer esto. El propósito del tiempo devocional se pierde si se utiliza para descubrir los misterios escondidos de Dios para otra persona mientras queda sin alimentar su propia alma. El potencial fracaso de cualquier plan de lectura bíblica diseñado para un tiempo devocional es de estudiar la Palabra de Dios sin alimentarse de ella. El escritor para el discipulado Leroy Eims, dice:

> Algunas de las personas más quisquillosas y chifladas que yo conozco están cargadas con datos de la Biblia. Ellos pueden nombrar a los profetas menores, los años de las caídas de Jerusalén y de Babilonia, el ancho del muro de Jericó y así sucesivamente. Pero el propósito

Observación	Interpretación	Aplicación
Entendiendo lo que dice el pasaje bíblico.	Aclarando lo que significa el pasaje bíblico.	Poniendo el pasaje bíblico en práctica en nuestras vidas cotidianas.

de la Biblia es ayudarle a hacer algo sobre sus actitudes equivocadas, sus pensamientos o su lengua afilada.[1]

Su tiempo de lectura bíblica no debe volverse una misión para hallar datos o una lección de historia bíblica; más bien, debe ir más allá del conocimiento general de la Biblia y debe conducir a la aplicación de la verdad de Dios a su vida. El escritor devocional contemporáneo, Richard Foster, dice: «Existe una inmensa diferencia entre el estudio de las Escrituras y la lectura devocional de las mismas. En el estudio de las Escrituras se le da una alta prioridad a la interpretación, lo que quiere decir. En la lectura devocional de las Escrituras se le da una alta prioridad a la aplicación: lo que significa para mí.»[2]

El estudio bíblico involucra tres componentes: observación, interpretación y aplicación. La observación es ver simplemente lo que dice el texto. Para esto se hace la pregunta: «¿Qué dice este pasaje?» Tomemos Juan 3:16. Una pregunta de observación de este versículo podría ser: «¿Cómo demostró Dios su amor por nosotros?» Se dará cuenta que la respuesta está en el mismo texto: «De tal manera amó Dios al mundo que dio a su Hijo unigénito.»

La interpretación va un paso más adelante. La interpretación hace la pregunta: «¿Qué significa este versículo o pasaje?» Juan 3:16 dice: «De tal manera amó Dios al mundo.» Las preguntas de interpretación son: «¿Qué significa la palabra mundo? ¿Juan está hablando del planeta? ¿Las personas en el planeta? ¿Un sistema mundano aparte de Dios?»

Pero mientras la observación y la interpretación son ambas importantes para entender la Palabra de Dios, la meta del tiempo de lectura bíblica durante el tiempo devocional es su aplicación personal. Para aplicar Juan 3:16, por ejemplo, usted podría hacer la pregunta: «¿Cómo me ha mostrado Dios Su amor por mí personalmente?» Entonces podría empezar por aplicar el amor de Dios a su propia vida hoy: «Si Dios me ama tanto que dio a Su único Hijo por mí, de verdad está interesado en mi vida aquí y ahora. Si Él dio el regalo más precioso por mí, yo puedo estar seguro de Su amor por mí hoy. Gracias, Dios, por tu amor por mí. Gracias por planificar mi vida y circunstancias perfectamente. Señor, yo te amo.»

Usted no querrá abandonar su tiempo con Dios lleno de nueva información, pero sin una vida cambiada. Tenga como meta salir transformado por Su Palabra - renovado, animado y preparado para servir.

Resumen del capítulo

- La Palabra de Dios es el fundamento para el tiempo devocional. Es el plato principal de nuestra dieta devocional.
- La aplicación de la Palabra de Dios es más importante que la observación y la interpretación.
- Es mejor tener una lectura bíblica diaria planificada. El autor recomienda la Biblia De Un Año.

Pasos prácticos

- Decida una meta de lectura bíblica particular (leer toda la Biblia en un año, dos años, etc.).
- Determine cuál será el plan de lectura bíblica que utilizará.

Para el estudio en grupo

- Comparta la técnica de la lectura bíblica que ha funcionado para usted. ¿Qué dificultades ha encontrado en su lectura bíblica? ¿Qué victorias?

LA MEDITACIÓN

Durante mi primer año de enseñanza secundaria tomé el consejo de un amigo que me dijo que la meditación trascendental me daría paz. Así que fui a un curso para la meditación trascendental, me incliné ante la imagen de aspecto Hindú y recibí mi mantra. Entonces empecé a meditar. La rutina era exclusiva: sentarme durante veinte minutos y repetir la mantra vez tras vez. Esta práctica, según me dijeron, me prometía paz, amor y tranquilidad.

Dios tuvo misericordia y varios meses después me rescató de la oscuridad. Después de que Jesús me liberó de la influencia demoníaca y empezó a reinar en mi vida, Él me dio un nuevo tema para mi meditación: Su propio nombre poderoso. Cada vez que la mantra de la MT saltaba a mi mente, yo simplemente repetía el nombre poderoso de Jesús. Él empezó a tomar el control de mi vida.

Muchos en nuestra cultura han reemplazado al Dios de la Biblia con los dioses y diosas de la Nueva Era. «Usted es un dios», es el nuevo desafío. «Encuentre el dios dentro de usted.»

Por supuesto, esta «nueva» enseñanza no tiene absolutamente nada de nuevo. Es tan viejo como el Jardín de Edén.

«La serpiente. . . . dijo a la mujer: ¿Conque Dios os ha dicho: "No comáis de ningún árbol del huerto"?... Entonces la serpiente dijo a la mujer: No moriréis. Pero Dios sabe que el día que comáis de él serán abiertos vuestros ojos y seréis como Dios, conocedores del bien y el mal.»

Genesis 3:1, 4–5

«Seréis como Dios», dijo Satanás. «Desobedézcalo y será su propio dios. En realidad, ¿quién necesita al Creador en absoluto? ¿Por qué someterse al Dios de la Creación cuándo puede llegar a ser su propio dios?»

La separación oriental - la meditación Bíblica

El diccionario define la *meditación* como la concentración de la mente en sólo una cosa para poder ayudar al desarrollo mental o espiritual. Involucra el acto de pensar en algo profunda y cuidadosamente.[1] Algunas palabras para describir la meditación incluyen la *consideración*, *reflexión* y el *pensamiento*.

La meditación cristiana, en contraste con la meditación oriental, empieza con la noción de que hay un verdadero Dios que existe en tres personas distintas: Padre, Hijo y Espíritu Santo. Da por sentado que el hombre es pecador y en la necesidad de un Salvador. Dios, el Creador de este mundo, nos ha dado una Biblia libre de errores. Él también nos ha dado el Espíritu Santo que permanece en nosotros e ilumina nuestras mentes para entender Su Palabra.

Pasos hacia la meditación

1. Lea un pasaje de las Escrituras con oración.
2. Concéntrese en él.
3. Pregúntele a Dios cómo aplicarlo a su vida.
4. Permítalo calar hondo y arraigarse en su vida.

La meditación cristiana y la meditación oriental tienen metas diferentes. Foster dice:

> La meditación oriental es un esfuerzo por vaciar la mente; La meditación cristiana es un esfuerzo por vaciar la mente para llenarla. Las ideas son sumamente diferentes. Todas las formas orientales de meditación enfatizan la necesidad de aislarse del mundo. Hay un anhelo de liberarse de las cargas y dolores de esta vida y ser arrebatado en la fácil y suspendida bendición de Nirvana. La identidad personal se pierde en un mar de conciencia cósmica. El aislamiento es la meta final de la religión oriental... La meditación cristiana sigue adelante... a la unión.[2]

A diferencia de la meditación oriental, cuando meditamos en la Palabra de Dios no ponemos nuestras mentes en un estado pasivo. En cambio, afirmamos que la Palabra de Dios es la verdad y que Dios se comunica directamente con nosotros a través de Su Palabra. Nosotros buscamos activamente de entender la Palabra de Dios y cómo se aplica a nuestras propias vidas. Esto resulta en un mayor entendimiento, una vida transformada y la bendición de Dios.

Aliméntese de la Palabra de Dios

- La Palabra de Dios es pan. Nutre, sostiene y nos faculta. Jesús dijo: «No solo de pan vivirá el hombre, sino de toda palabra que sale de la boca de Dios» (Mateo 4:4).

- Jeremías dijo algo similar: «Fueron halladas tus palabras, y yo las comí. Tu palabra me fue por gozo y por alegría de mi corazón» (Jeremías 15:16).

- La meditación nos permite apropiarnos de la Palabra de Dios en nuestras propias vidas. No es un tiempo para analizar la Palabra de Dios; es un tiempo para comerla y aplicarla.

La meditación en la Palabra de Dios

La meditación cristiana se concentra en Dios, en Su Palabra y en Su bondad. Mientras está leyendo una porción de las Escrituras, ciertos versículos le impactarán. Medite en ellos. Maneje cada versículo con cuidado. Descubra su riqueza y cuán rico usted es como resultado de esa meditación en él.

En el último capítulo recomendé un plan para la lectura diaria de la Biblia. Sin embargo, no debe avanzar demasiado rápido a través de las Escrituras para poder entenderlas mejor. Al avanzar lentamente a través de los bosques de la Palabra de Dios, escuche cuidadosamente la canción de las aves, el rugido del río y el sonido de ramitas que rompen bajo sus pies.

La meditación florece en la quietud

Sólo en la quietud y privacidad de nuestro propio corazón tiene la oportunidad para florecer nuestra meditación. Es imposible meditar cuando los teléfonos están sonando, gritan los bebés o la música suena estruendosamente. La meditación se realiza mejor cuando podemos oír el silbo apacible del Espíritu que habla a nuestros corazones y mentes. En el tiempo devocional, lejos del bullicio y de los vaivenes de la vida, encontrará gran satisfacción meditando en la Palabra de Dios.

La meditación conduce a la memorización

Las tres hijas mías han memorizado los versículos de la Biblia con éxito, ya sea para AWANA (una organización para el

La ayuda para la memorización

1. Entienda los pensamientos detrás de las palabras en lugar de las palabras solamente. La meta no es sólo memorizar uno o más versículos, sino entenderlos y aplicarlos a su vida diaria.

2. Comprenda que no hay tal cosa como una mala memoria – sólo una memoria que no ha sido entrenada. Cualquiera puede desarrollar su memoria por medio de una constante disciplina.

3. Cite el versículo en voz alta. Esto le ayudará no sólo a ver el versículo sino también a oírlo.

4. Memorice un pasaje de la Biblia (varios versículos que completan un pensamiento entero) en lugar de un versículo aislado. Esto le ayudará a entender mejor el contexto.

5. Revise constantemente uno o más versículos.

aprendizaje de las Escrituras, etc.), la escuela o para papá. Y también saben que no les permitiré escapar con una simple memorización sin saber su contenido. Yo les pido que me digan el significado del versículo o pasaje de la Biblia. Es mejor incluso cuando pueden decirme cómo aplicarlo.

La meditación de las Escrituras se centra en la internalización y personalización de un pasaje. Es el proceso de pensar y volver a pensar sobre un pasaje de las Escrituras hasta que se entienda su significado y aplicación a su propia vida. La palabra escrita llega a ser la Palabra Viva de Dios. La memorización es el resultado natural de la meditación. En cuanto conoce un versículo o pasaje íntimamente, usted ya lo habrá memorizado. Será parte de usted.

La memorización por sí sola no lo transformará. Los Fariseos en los tiempos de Jesús memorizaban cantidades industriales de la Biblia. Algunos podían citar todo el Antiguo Testamento. Sin embargo, este ejercicio no les impidió perseguir y finalmente matar a Jesús. Jesús los dejó al descubierto cuando dijo: «Yo os conozco, que no tenéis el amor de Dios en vosotros» (Juan 5:42). La meditación ayuda a la memorización para mantener la honestidad. Impide que los versículos estén simplemente ocupando un espacio en el cerebro. La meditación impulsa la Palabra de Dios para filtrarse en la vida diaria y práctica.

Los beneficios de la meditación

Bill Gothard, profesor del seminario de los Conflictos Básicos de la Juventud, cree que la meditación y la memorización de la Palabra de Dios son las maneras más seguras para tener éxito en los estudios. Él aconseja a los que están luchando con las bajas calificaciones que mediten y memoricen los versículos de las Escrituras. Gothard ha notado que los que

Los beneficios de memorizar las Escrituras

- Nos permite resistir la tentación (Mateo 4:1-11).
- Descubrimos la victoria sobre el pecado (Salmo 119:11).
- Obtenemos mejor entendimiento (Salmo 119:98-100).
- Se renueva la 'vida de los pensamientos' (Proverbios 23:7).

siguen sus sugerencias se vuelven más sabios y más disciplinados.

Gothard se atreve a tomar al salmista literalmente: «Me has hecho más sabio que mis enemigos con tus mandamientos. . . Más que mis enseñadores he entendido, porque tus testimonios son mi meditación. Más que los viejos he entendido, porque he guardado tus mandamientos» (Salmo 119:98-100). La prosperidad (no sólo material sino en todos los aspectos de la vida) viene de Dios. Mientras meditamos y memorizamos la Palabra de Dios, Él nos prosperará.

Cuando se compromete a pasar un tiempo con el Dios que ordenó las estrellas, el universo y la matriz de la madre embarazada, Él ordenará su día y le otorgará prosperidad. Él le mostrará cómo reprogramar o anular una actividad innecesaria para obtener más tiempo de su día. Dios ilumina nuestras mentes cuando meditamos en Él.

Richard Foster nos recuerda:

A menudo por la meditación se lograrán conocimientos que son tremendamente prácticos, casi mundanos. Recibirá instrucciones de cómo relacionarse con su esposa o marido o cómo tratar con este problema sensible o esa situación de negocios... Es maravilloso cuando una meditación particular lleva al éxtasis, pero es mucho más común recibir una guía para tratar con los problemas humanos comunes.[3]

Muy a menudo queremos que Dios nos muestre alguna revelación trascendental. Queremos sentir el viento, oír un grito o ver un terremoto. Queremos que Dios nos dé una revelación espectacular. Sin embargo, lo más común es que Dios nos dé instrucciones prácticas: haga una salida especial con su esposa; saque la basura; tenga más paciencia con sus hijos.

Un ejemplo de la meditación

Veamos cómo funciona esto. Aquí tenemos un ejemplo práctico:

> Bendito sea el Dios y Padre de nuestro Señor Jesucristo, que nos bendijo con toda bendición espiritual en los lugares celestiales en Cristo, según nos escogió en él antes de la fundación del mundo, para que fuéramos santos y sin mancha delante de él. Por su amor, nos predestinó para ser adoptados hijos suyos por medio de Jesucristo, según el puro afecto de su voluntad, para alabanza de la gloria de su gracia, con la cual nos hizo aceptos en el Amado. En él tenemos redención por su sangre, el perdón de pecados según las riquezas de su gracia, que hizo sobreabundar para con nosotros en toda sabiduría e inteligencia.
>
> Efesios 1:3–8

Lea varias veces este pasaje. Ore sobre él. Tome en cuenta todas las riquezas que Dios le ha dado.

La receta de Dios para el éxito

Bienaventurado el varón que no anduvo en consejo de malos, ni estuvo en camino de pecadores, ni en silla de escarnecedores se ha sentado, sino que en la ley de Jehová está su delicia y en su Ley medita de día y de noche. Será como árbol plantado junto a corrientes de aguas, que da su fruto en su tiempo y su hoja no cae, y todo lo que hace prosperará.

Salmo 1:1-3

Versículo 3: Bendecido con toda bendición espiritual en Cristo.

Versículo 5: Predestinado para ser adoptado como hijo y heredero de todas las promesas de Dios.

Versículo 6: Destinatarios de Su gracia gloriosa que Él ha derramado libremente sobre nosotros.

Versículo 7: Redimidos por Su sangre – redimidos del mercado de los esclavos del pecado.

Versículo 8: Perdonados. Cristo ha quitado nuestros pecados y nos ha hecho más blancos que la nieve.

Mientras medita en este pasaje, notará con qué frecuencia aparece la frase «*en Cristo*» (ocho veces entre los versículos 3 al 14). Reconocerá que la clave de todas las riquezas de Dios y la herencia gloriosa es que estamos «en Cristo.» Dios nos bendice debido a Su Hijo, Jesús.

Ahora intente aplicar el pasaje a su propia vida. Hágase estas preguntas: «¿Estoy caminando en Él? ¿Entiendo realmente cuánto me ama Dios o todavía estoy intentando ser digno? ¿Qué áreas de mi vida todavía están en la oscuridad y necesitan ser limpiadas por la sangre de Cristo?»

Mientras la Palabra de Dios se filtra en cada parte de su vida a través de la meditación diaria, usted descubrirá una nueva libertad y victoria. Las palabras de Cristo sonarán verdaderas en su propia vida: «y conoceréis la verdad, y la verdad os hará libres» (Juan 8:32).

Reflexionando en la fidelidad de Dios

El tiempo devocional proporciona una oportunidad excelente para detenernos, considerar y reflexionar en la fidelidad de Dios en nuestras vidas. En mi tiempo devocional con Dios, me encuentro a menudo reflexionando en Su obra en mi vida. En algún momento podría repasar un cierto período de tiempo en mi mente y recuerdo cómo Él me guió en cada paso del camino. Es casi como si yo estuviera ordenando mi propia vida bajo la providencia divina de Dios.

Cuando estamos viviendo como si fuera en una olla de presión del *"ahora mismo"*, es difícil de entender el cuadro completo. Nuestro enfoque es demasiado limitado. Sin embargo, mientras meditamos en la fidelidad de Dios en el pasado, recobramos esperanza y confianza que Dios aun ahora está trabajando en nuestras vidas y que Él continuará guiándonos en el futuro.

La meditación en la fidelidad de Dios es especialmente importante en los momentos de angustia y dificultades, cuando tenemos necesidad de recordar que Dios está con nosotros. Un pastor amigo mío me dijo cómo Dios proporcionó en forma sobrenatural un líder de adoración de primera clase para su iglesia. Después, cada vez que el pastor enfrentaba una lucha en su iglesia, él decía: «Señor, gracias que has proporcionado a nuestro líder de adoración. Yo sé que estás trabajando en nuestra iglesia.» La fidelidad de Dios en el pasado le daba la confianza para confiar en Dios para el futuro.

El salmista David hizo lo mismo. Él expresó su angustia, sólo para recordar el amor y la fidelidad de Dios. Él dijo:

El enemigo ha perseguido mi alma, ha postrado en tierra mi vida, me ha hecho habitar en tinieblas como los que han muerto. Mi espíritu se angustió dentro de mí; está desolado mi corazón. Me acordé de los días antiguos; meditaba en todas tus obras; reflexionaba en las obras de tus manos. Extendí mis manos hacia ti, mi alma te anhela como la tierra sedienta.

Salmo 143:3–6

Después de que Dios dividió el Río Jordán para que Su pueblo pudiera pasar en tierra seca, Él le dijo a Josué que tomara doce piedras del fondo del río. Estas piedras le ayudarían a los Israelitas a reflexionar en la gran obra de Dios en los años posteriores. Usted tiene esas «piedras de recuerdos» en su propia vida, esas oportunidades cuando Dios manifestó Su poder y demostró Su fidelidad. Reflexione en ellos. Mientras recuerda cómo Dios ha obrado en el pasado, usted puede enfrentar el futuro con una nueva confianza, sabiendo que Él es el mismo ayer, hoy y para siempre (Hebreos 13:8).

Resumen del capítulo

- La meditación cristiana halla sus límites en la Palabra de Dios.
- La meditación cristiana se enfoca en la Palabra de Dios, su persona y Sus obras en nuestras propias vidas.
- La memorización es el resultado de la meditación profunda.

- Los beneficios de la meditación son a menudo muy prácticos y se aplican al diario vivir.
- La meditación en la fidelidad pasada de Dios nos infunde confianza para el futuro.

Pasos prácticos

- Reflexione en Josué 1:7-8 y Salmo 1. Permita que estos versículos penetren profundamente en su propia vida. Pregúntese qué cambios necesita hacer en su vida como resultado de estos versículos.
- Tome uno o dos versículos de su lectura bíblica diaria y medite en ellos. Después memorice esos mismos versículos.
- Considere los últimos seis meses de su vida. ¿Cómo ha demostrado Dios Su fidelidad continuada hacia usted durante este período de tiempo?

Para estudio en grupo

- Comparta su versículo favorito de las Escrituras. ¿Por qué escogió este versículo?
- ¿Usted cree que es posible memorizar las Escrituras sin ser transformado por ellas? ¿Por qué sí o por qué no?

Nueve

LA ADORACIÓN

«Entonces entró el rey David y estuvo delante de Jehová» (1 Crónicas 17:16).

Esta frase capta la esencia de la adoración pura. Dios acababa de recordar a David de su trasfondo humilde como un pastor de ovejas y de cómo Él lo había levantado para ser el rey sobre todo Israel. Dios había reiterado todo lo que Él había hecho por David en el pasado. Y no sólo Dios se había comprometido a seguir bendiciendo a David en el presente, también prometió bendecir y prosperar la descendencia futura de David:

Te hago saber, además, que Jehová te edificará casa. Cuando se cumplan los días para que vayas con tus padres, levantaré descendencia después de ti, a uno de entre tus hijos, y afirmaré su reino.

1 Crónicas 17:10–11

Cuando oyó estas palabras, a David le faltaron las fuerzas para estar de pie. Él simplemente se quedó delante del Señor lleno de gratitud. Las palabras carecían de sentido. El tiempo se detuvo. Finalmente, David respondió con un corazón agradecido:

Jehová Dios, ¿quién soy yo, y qué es mi casa, para que me hayas traído hasta este lugar? Y aun esto, Dios, te ha parecido poco, pues has hablado del porvenir de la casa de tu siervo, y me has mirado como a un hombre excelente, Jehová Dios. ¿Qué más puede decir David del honor que has dado a tu siervo, si tú conoces a tu siervo? Jehová, por amor de tu siervo y según tu corazón, has hecho toda esta gran obra, haciendo notorias todas tus grandezas.

1 Crónicas 17:16–17

El corazón de la adoración

La adoración es la contestación de un corazón agradecido. Es simplemente estar sentado delante del Señor y decir: «Dios, yo te amo. Tú eres tan maravilloso.» Mi coro de adoración favorito, por Matt Redman, se llama «El Corazón de la Adoración».

Te traeré más que una canción;
Porque una canción en sí misma,
No es lo que tú has requerido.
Tú buscas mucho más profundo dentro de mí
Por la manera como se presentan las cosas
Tú estás mirando dentro de mi corazón
Estoy regresando al corazón de la adoración
Y es todo acerca de ti. Es todo acerca de ti, Jesús.

Lamento, Señor, por lo que he hecho.
Cuando es todo acerca de Ti;
Es todo acerca de Ti, Jesús.[1]

Algunas personas piensan que la adoración es sólo un evento del domingo por la mañana o algo que se hace como un grupo. En realidad, no hay mejor lugar para expresar ese agradecimiento que en su propio tiempo devocional. ¿Por qué? Porque la adoración en el tiempo devocional es todo acerca de Él. Usted no tiene que preocuparse por actuar o tratar de impresionar a Dios o a otros - simplemente ser usted mismo. Él mira dentro de su corazón. Él ve su desnudez y necesidad y lo acepta de todas maneras. Siéntese delante del Señor y agradézcale.

La palabra del Antiguo Testamento para la *adoración* quiere decir literalmente «postrarse en el suelo» - humildad absoluta delante del Creador. La mayoría de las palabras que se refieren a la adoración a Dios son términos físicos: quedar postrado con la cara hacia la tierra, arrodillarse, estar de pie, aplaudir, alzar los brazos, bailar, alzar la cabeza y bajar la cabeza.

La adoración en la Biblia es un acto natural. María de Betania dejó a un lado todo el protocolo para inundar a Jesús con un torrente de lágrimas para honrar al que la había liberado. La intimidad, combinada con la gratitud, irrumpió en una adoración que brotaba del corazón. A ella no le importaba lo que otros pensaran de ella. Ella sólo apuntaba a agradar a una Persona y solamente a una persona: Jesucristo. Ella deseaba ungir sus pies con el ungüento y lavarlos con sus lágrimas.

Vemos esta misma libertad de expresión en el Rey David cuando bailó delante de Dios con todas sus fuerzas, sin importarle de los temores y burlas de los demás.

En el Nuevo Testamento, el significado de la palabra *adoración* es aún más íntimo. Literalmente quiere decir: «besar». La palabra *adoración* aparece cincuenta y nueve veces en el

A.T.: Significado de Adoración	N.T.: Significado de Adoración
Postrarse en tierra, mostrando humildad. Expresado en actos físicos de reverencia a Dios (arrodillándose, bailando, alzando las manos)	Besar (Intimidad con el Omnipotente)

Nuevo Testamento. Lea el libro de Apocalipsis si quiere saber lo que estará haciendo a lo largo de toda la eternidad:

> Los cuatro seres vivientes tenían cada uno seis alas, y alrededor y por dentro estaban llenos de ojos, y día y noche, sin cesar, decían: «¡Santo, santo, santo es el Señor Dios Todopoderoso, el que era, el que es y el que ha de venir!». Cada vez que aquellos seres vivientes dan gloria y honra y acción de gracias al que está sentado en el trono, al que vive por los siglos de los siglos, los veinticuatro ancianos se postran delante del que está sentado en el trono y adoran al que vive por los siglos de los siglos, y echan sus coronas delante del trono, diciendo: «Señor, digno eres de recibir la gloria, la honra y el poder, porque tú creaste todas las cosas, y por tu voluntad existen y fueron creadas».
>
> Apocalipsis 4:8–11

Ya que estaremos adorando a Dios por toda eternidad, ¿no deberíamos hacer que la misma sea ahora nuestra pasión?

Primero la adoración; después el servicio

Cuando mantenemos un tiempo devocional diariamente, estamos diciendo: «Señor, mi servicio y mi trabajo no son de ninguna manera más importantes que Tú. Señor, Te pongo primero en mi vida. Te quiero más que nada en la vida.»

El orden divino como se nos muestra en la Biblia es primero la adoración; en segundo lugar, el servicio. Jesús dijo: «Al Señor tu Dios adorarás, y a Él sólo servirás» (Mateo 4:10). Este mandamiento se repite después cuando Jesús dice: «Amarás al Señor tu Dios con todo tu corazón, con toda tu alma y con toda tu mente.» «Y el segundo es semejante: "Amarás a tu prójimo como a ti mismo"» (Mateo 22:37, 39).

Considere el ejemplo del Nuevo Testamento de Marta y María. Marta aventajaba en el servicio pero fallaba en la adoración. María se preocupó de sólo una cosa: la persona de Jesucristo. ¿Quién obtuvo el Sobresaliente? Jesús nos dice: «María ha escogido la buena parte, la cual no le será quitada» (Mateo 10:42).

En Apocalipsis Jesús habla sobre una iglesia increíble que producía buenas obras como una fábrica moderna. Sin embargo, después de resaltar los hechos impecables de esa iglesia, Jesús los reprendió: «Pero tengo contra ti que has dejado tu primer amor. Recuerda, por tanto, de dónde has caído, arrepiéntete y haz las primeras obras, pues si no te arrepientes, pronto vendré a ti y quitaré tu candelabro de su lugar.» (Apocalipsis 2:4-5).

Recuerde: La adoración es primero; en segundo lugar, el servicio.

Mirando a Jesús

"Fija tus ojos en Cristo,
Su gracia y su gloria a mirar,
Y lo terrenal sin valor será,
A la luz de Su gloriosa faz."

Helen H. Lemmel, b. 1864

Las palabras de este himno para todos los tiempos nos exhortan a alejar nuestra mirada del yo y que la tornemos hacia Aquel que resuelve los problemas. Nos recuerda que nuestras propias fuerzas son inadecuadas y que sólo Jesús puede dar total liberación.

Es cosa del corazón

¿Cómo adora a Dios en su tiempo devocional? Usted puede cantar un himno o coro de adoración favorito, puede esperar en silencio o leer un salmo. Por lo general yo leo la Palabra de Dios primero y respondo adorándole. Pablo Cedar también sigue esta progresión natural en su vida devocional:

Mis palabras de alabanza y culto a menudo fluyen de mis tiempos de lectura y meditación de la Biblia. Después le expreso algunas palabras de alabanza y adoración de uno de los salmos u otro pasaje de las Escrituras. A veces cierta canción o himno de alabanza vendrán a mi mente cuando estoy meditando en mi lectura bíblica o cuando estoy leyendo uno de los salmos como una expresión de alabanza y adoración a Dios. De lo contrario, sigo leyendo en un orden secuencial a través de los himnos y cánticos de alabanza.[2]

Si Dios le ha dado el don de lenguas, el mejor lugar para usarlo es en su tiempo devocional. Hablar en lenguas es un gran beneficio en la adoración porque a menudo las palabras no pueden expresar el torrente de nuestros deseos. A menudo yo hablo en lenguas en mi tiempo devocional porque sé que estoy ministrando directamente al corazón de Dios. Cuando se habla en lenguas, esto permite que el Espíritu Mismo ministre directamente a Dios a través de mí (1 Corintios 14:2).

No importa lo que utilice para la adoración en su tiempo devocional. Sólo recuerde que Dios desea que la adoración sea del corazón y que exprese el amor y la gratitud que tenemos por Él. Rinda todo su corazón a Él en una humilde adoración.

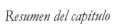

Resumen del capítulo

- La adoración es la respuesta natural de un corazón agradecido por la gracia, misericordia y amor de Dios.

- En el Antiguo Testamento la palabra para la adoración quiere decir "postrarse delante de Dios"; la palabra del Nuevo Testamento para la adoración quiere decir literalmente "besar".

- La adoración en el tiempo devocional es el acto de expresar nuestra alabanza, gratitud y adoración a Aquel que amamos.

Pasos prácticos

- Busque todos los versículos en Apocalipsis que se refieren a la adoración. Medite en ellos.

- Lea un salmo en su tiempo devocional, expresando su adoración directamente a Dios.

- Prepare una hoja con sus coros de adoración favoritos o encuentre un himnario que incluya algunos de sus himnos favoritos. Cante al Señor en su tiempo devocional.

Para estudio en grupo

- Comparta con el grupo cómo usted adora a Dios en su tiempo devocional (por ejemplo, leyendo un salmo, sentado en silencio, cantando un coro o himno de alabanza)

.

Diez

LA CONFESIÓN

Era un día soleado, soñado, en el sur de California. Yo tenía cinco años, mientras flotaba en un flotador en una piscina en el jardín, sin ninguna preocupación en el mundo. Papá y mamá estaban haciendo un asado y mis hermanos y hermanas estaban jugando. ¿Qué podría salir mal?

De repente, descubrí un espectacular caracol de mar que estaba al costado de la piscina. Los colores me atrajeron. Yo quería ese caracol de mar. Maniobré mi flotador hacia el costado de la piscina y lo agarré. Cayó al agua y mi mano asida fuertemente alrededor de él. Yo lo seguí todo el camino hasta el fondo de la piscina, negándome a soltarlo. Lo último que recuerdo era que se me llenaba la boca de agua. . . .

La familia estaba fuera del agua disfrutando el día soleado. «¿Adónde está Joel?», preguntó alguien. Entonces notaron un cuerpo en el fondo de la piscina. Pánico.

Lo primero que recuerdo después es el sentimiento de ganas de vomitar y el agua gorgojeando y a todos parados alrededor de mí. Recuerdo que pensé: *¿Por qué actúa mi madre con tanta alegría? Parece tan contenta de verme.*

En nuestras vidas diarias, rodeados aún de las circunstancias más agradables, hay brillantes caracoles de mar de pecado que nos rodean. Satanás hace balancear en el aire la tentación ante nosotros, esperando que lo agarremos. Cuando nos lanzamos y lo agarramos, él nos pescó, nos lleva a la orilla y empieza a controlar distintas áreas de nuestras vidas.

Las buenas noticias son que hay limpieza y sanidad en la sangre y poder de Jesucristo.

Hebreos 9:14 nos dice: «¡Cuánto más la sangre de Cristo, el cual mediante el Espíritu eterno se ofreció a sí mismo sin mancha a Dios, limpiará vuestras conciencias de obras muertas para que sirváis al Dios vivo!» Jesús desea trabajar dentro de nosotros mientras reconocemos nuestros pecados, los con-

Fortalezas

- La figura del Antiguo Testamento de una fortaleza es para mostrar a las naciones paganas dominando fuertemente la tierra que Dios prometió a Israel. Dios les prometió la tierra, pero Él les dijo que la conquistaran toda.

- Israel conquistó la mayor parte de ella. Las naciones paganas retuvieron los territorios restantes. Estos grupos de resistencia llegaron a ser fortalezas, espinas y cardos para el pueblo de Dios.

- Cuando abrimos nuestras vidas al pecado, Satanás saca ventaja y refuerza su posición en nuestras vidas. Él cava trincheras, negándose a rendirse.

La confesión de pecado de David

Mi pecado te declaré y no encubrí mi iniquidad. Dije: «Confesaré mis rebeliones a Jehová», y tú perdonaste la maldad de mi pecado.

Salmo 32:5

fesamos y recibimos Su limpieza. Jesús puede liberarnos de la esclavitud de Satanás.

Comunión sin impedimentos

Yo amo a mis hijas y tengo una gran relación con ellas. Por lo general disfrutamos de una comunicación ininterrumpida a lo largo del día. Sin embargo, si le digo a Sara que deje de correr en la casa y ella continúa corriendo aún más rápidamente en forma desafiante, ella ha entrado en el camino de la desobediencia.

Debido a su desobediencia, nuestra comunión cambia. El libre flujo de conversación se interrumpe. Nosotros tenemos que tratar con su pecado. Diciendo que lo lamenta es el mejor lugar para empezar. Si ella se niega a hacerlo, tendremos que tomar otras medidas adicionales.

Nosotros somos los hijos de Dios, y Él opera bajo principios similares. Cuando pecamos contra Dios, entorpecemos nuestra comunión con Él. David entendió esto que cuando dijo: «Si en mi corazón hubiera yo mirado a la maldad, el Señor no me habría escuchado. Mas ciertamente me escuchó Dios; atendió a la voz de mi súplica» (Salmo 66:18-19). David reconoció que la comunión ininterrumpida con Dios requiere la confesión y el abandono del pecado. En su tiempo devocional, pídale a Dios que investigue su corazón para determinar cuándo y cómo usted ha pecado contra Él. Jeanne Guyon recomienda: «Derrame toda su alma abierta delante de Dios. Puede estar seguro que el Señor no fallará de iluminarle con respecto a su pecado. Su Señor brillará como una luz en usted; y a través de Su brillo, Él le permitirá ver la naturaleza de todas sus faltas.»[1]

Quizás Dios revelará el pecado que has cometido el día anterior. O quizás Él le advertirá sobre una decisión temeraria que está a punto de tomar en el futuro. Confiese esos pecados inmediatamente. Pídale a Jesús que lo limpie con Su sangre. En Proverbios 28:13 dice: «El que oculta sus pecados no prosperará, pero el que los confiesa y se aparta de ellos alcanzará misericordia.» Cuando confesamos y abandonamos el pecado, la misericordia abundante y la gracia de Dios son derramadas sobre nosotros.

Hace unos meses en mi propio tiempo devocional Dios me reveló que yo estaba albergando el pecado de no perdonar a cierto pastor. Dos días antes, este pastor me había ofendido y yo sentía que tenía todo el derecho de sentirme molesto por su acción.

Lamentablemente no me di cuenta que mi propia amargura me despojaba de mi alegría personal. Yo sentía una presión y estaba ligeramente deprimido cuando me acosté después de dicho incidente, pero no sabía por qué. A la mañana siguiente, Dios me llamó para rendir cuentas. Yo necesitaba confesar mi pecado de amargura. Después de confesar mi amargura y la rebeldía resultante, la pesadez se fue y yo sentía una nueva libertad.

Nuestra oración constante en el tiempo devocional debe ser la oración de David: «Examíname, oh Dios, y conoce mi corazón; pruébame y conoce mis pensamientos. Ve si hay en

El deseo de Dios para todos nosotros

En los tiempos de Jeremías, Dios vio a Su pueblo como cisternas rotas y resquebrajadas que no retenían Su agua viva. Él los reprendió por no reconocer que Él era la única verdadera fuente de agua viva, diciendo: «Porque dos males ha hecho mi pueblo: me dejaron a mí, fuente de agua viva, y cavaron para sí cisternas, cisternas rotas que no retienen el agua.».

Jeremías 2:13

mí camino de perversidad y guíame en el camino eterno» (Salmo 139:23-24). Sólo Dios puede revelar cuán engañoso es el pecado. Nosotros no podemos.

Manténgase limpio

Dios me ha concedido la oportunidad para estudiar y visitar algunas de las iglesias más grandes en el mundo. Un fenómeno que he notado en muchas de ellas es el interés creciente en los retiros de fin de semana, llamadas a menudo, Retiros para el Encuentro con Dios. El propósito de estos retiros es para romper la esclavitud y las fortalezas de pecado en la vida de una persona para que él o ella puedan caminar en la libertad espiritual.

Cuando asistí a mi primer Retiro de Encuentro, Dios obró poderosamente y yo confesé fortalezas de amargura e ira, así como de otros pecados. Dios transformó mi vida, y yo experimenté una nueva libertad increíble y liberación.

Sin embargo, al pasar los meses, noté que todavía estaba luchando con algunas de estas áreas. Comprendí que para

Los pasos a la libertad

1. Pídale a Dios que le revele las áreas ocultas de pecado en su vida.
2. Reconozca su pecado delante de Dios.
3. Confiese su pecado.
4. Experimente la limpieza y la renovación de Dios.
5. Permanezca en limpieza pidiéndole a Dios que vuelva a examinar su corazón diariamente.

permanecer libre, yo tenía que acercarme a Dios diariamente, confesando cualquier pecado recurrente. Dios me mostró que yo necesitaba la fuerza de mi tiempo devocional diario para andar en una victoria continua.

Los campamentos y retiros son grandes. Dios los usa para hablarnos clara y poderosamente. Pero debemos recordar que no podemos vivir hoy con la experiencia particular del día de ayer. Necesitamos caminar en un arrepentimiento diario.

Piénselo de esta manera. En los tiempos bíblicos, los caminos de tierra eran la norma y todos solían usar sandalias. De modo que, sin importar cuánto una persona trataba de mantener limpios sus pies, ellos naturalmente levantaban el polvo y suciedad de los caminos romanos. El lavamiento de pies no era un rito religioso; era una necesidad práctica.

Aun como cristianos maduros, inconscientemente se nos pegan malos hábitos y pensamientos y nos ataca Satanás con sus dardos. El mundo, la carne y el diablo acechan en los lugares donde menos los esperamos. Usted apenas puede mirar TV, escuchar la radio, manejar por la autopista o escuchar por casualidad una conversación sin ver imágenes malas, oberturas mundanas o una abierta conducta pecaminosa. Nuestro tiempo devocional es nuestro lavado de pies. Es tiempo de volver a Dios y a Su Palabra, pidiéndole que nos restaure y renueve. El apóstol Juan dice: «Si confesamos nuestros pecados, él es fiel y justo para perdonar nuestros pecados y limpiarnos de toda maldad» (1 Juan 1:9). Las buenas noticias son que hay poder en la sangre de Jesucristo para limpiarnos de todo pecado. El tiempo devocional proporciona la oportunidad perfecta para permitir que Dios nos hable, nos restaure y nos dé el poder para vencer al enemigo.

Resumen del capítulo

* La adoración es la respuesta natural de un corazón agradecido por la gracia, misericordia y amor de Dios.

* En el Antiguo Testamento la palabra para la adoración quiere decir "postrarse delante de Dios"; la palabra del Nuevo Testamento para la adoración quiere decir literalmente "besar".

* La adoración en el tiempo devocional es el acto de expresar nuestra alabanza, gratitud y adoración a Aquel que amamos.

Pasos prácticos

* Busque todos los versículos en Apocalipsis que se refieren a la adoración. Medite en ellos.

- Lea un salmo en su tiempo devocional, expresando su adoración directamente a Dios.

- Prepare una hoja con sus coros de adoración favoritos o encuentre un himnario que incluya algunos de sus himnos favoritos. Cante al Señor en su tiempo devocional.

Para estudio en grupo

- Comparta con el grupo cómo usted adora a Dios en su tiempo devocional (por ejemplo, leyendo un salmo, sentado en silencio, cantando un coro o himno de alabanza)

ESCUCHE

He mencionado previamente que con mi familia fuimos a Ecuador en 1990 como misioneros con la Alianza Cristiana y Misionera. Sabíamos que después de nuestro segundo período, once años después, Dios nos estaba guiando a alguna otra parte, pero nos resultaba difícil saber exactamente lo que Él tenía en mente.

¿Dios quería que enseñáramos en un seminario norteamericano? En ese caso, ¿en cuál seminario? ¿Debíamos hacer consultoría en la iglesia? ¿Adónde? ¿Sería un ministerio en otro país? ¿Cuál país?

¡Cuánto anhelaba, durante esos intensos días de tratar de discernir la voluntad de Dios, escuchar una voz audible o recibir un mensaje profético! Me encontraba verificando mi casillero de mensajes recibidos de la computadora, esperando secretamente que alguien me enviaría una palabra profética por vía del correo electrónico. Yo esperaba recibir una llamada telefónica o que alguien golpeara a la puerta con el consejo definido de Dios sobre nuestro futuro ministerio. Sin embargo, Dios no se doblegó a mi mentalidad de una solución rápida. Él quería que yo escuchara Su voz, que oyera directamente de Él.

Con el tiempo Dios habló y nos aclaró Su voluntad para nosotros. Sin embargo, en numerosas oportunidades durante ese período de tiempo de espera, tuve que volver a Dios en oración y decir: «Dios, ¿esto es de Ti? ¿Tú me estás hablando aquí?»

El poder secreto del tiempo devocional es aprender a escuchar directamente al Todopoderoso y encontrar Su íntima voluntad para su propia vida. A menudo Dios contesta en un susurro, así que tiene que estar escuchando continuamente.

Nuestra tendencia es querer que otra persona hable a Dios en nuestro nombre y que simplemente nos diga lo que Él quiere. Esta es la ruta que tomaron los hijos de Israel. Ellos tenían temor de ir directamente a Dios, así que le dijeron a Moisés: «Habla tú con nosotros, y nosotros oiremos; pero no hable Dios con nosotros, para que no muramos» (Éxodo 20:18).

Este modelo fue repetido después cuando los Israelitas le pidieron a Samuel que les diera un rey que iría delante de Dios en su nombre. Dios les concedió su petición con renuencia, diciéndole a Samuel: «Oye la voz del pueblo en todo lo que ellos digan; porque no te han desechado a ti, sino a mí me han desechado, para que no reine sobre ellos» (1 Samuel 8:7).

Tommy Tenney, predicador de avivamiento y autor, dice esto en 'The God Chasers' (Los Perseguidores de Dios): «Necesitamos orar: "¡Dios, estoy cansado de que todos los demás oigan de Ti! ¿Dónde está la cerradura en mi cuarto de oración? Voy a encerrarme con llave hasta que oiga de Ti por

mí mismo!"»[1] Dios quiere que usted aprenda a oír Su voz. Él
desea impresionar Su voluntad específica en su corazón.
Recuerde solamente que le costará tiempo y esfuerzo. Deberá
pasar un tiempo diariamente en Su presencia.

Dios habla en el silencio

Después de un día repleto de actividades, haciendo que baje
el fuego, matando a los profetas falsos y viendo milagros, el
profeta Elías estaba agotado. Él necesitaba descansar, sin
embargo, todavía tenía que preocuparse por la amenaza de
Jezabel de desollarlo vivo. A estas alturas la espiritualidad de
Elías lo abandonó y él hizo algo muy natural – corrió por su
vida. Dios tuvo compasión de Elías y le proporcionó comida
y descanso. Después Dios le habló a Elías, diciendo:

> «Sal fuera y ponte en el monte delante de Jehová.» En
> ese momento pasaba Jehová, y un viento grande y
> poderoso rompía los montes y quebraba las peñas del-
> ante de Jehová; pero Jehová no estaba en el viento. Tras
> el viento hubo un terremoto; pero Jehová no estaba en
> el terremoto. Tras el terremoto hubo un fuego; pero
> Jehová no estaba en el fuego. Y tras el fuego se escuchó
> un silbo apacible y delicado. Cuando Elías lo oyó, se
> cubrió el rostro con el manto, salió y se puso a la puerta
> de la cueva. Entonces le llegó una voz que le decía:
> «¿Qué haces aquí, Elías?»
>
> 1 Reyes 19:11-13

A todos nos gusta la palabra profética sensacional que nos
dice exactamente lo que tenemos que hacer, la carta en el
correo con el billete de $100, la llamada telefónica exacta-
mente en el momento cuando la necesitamos. Sin embargo,

aquí Dios no se reveló por medio de un terremoto, un fuego o un viento poderoso. Él escogió venir a Elías en un apacible y delicado silbo.

En otra historia del Antiguo Testamento, las Escrituras nos dicen que «Samuel estaba durmiendo en el templo de Jehová, donde se encontraba el Arca de Dios; y antes que la lámpara de Dios fuera apagada, Jehová llamó a Samuel. Este respondió: "Heme aquí"» (1 Samuel 3:3-4).

Aquí de nuevo, Dios muestra que Él prefiere hablar en el silencio profundo. Esto no es para decir que Él no puede hablar cuando quiera o en cualquier parte. A veces, Dios concede visitaciones increíbles y habla a Sus hijos en una voz audible. Sin embargo Dios prefiere hablar en un silbo apacible y delicado cuando Su hijo está solo, tranquilo y esperando. Es entonces cuando Él impresiona Su voluntad en la quietud de nuestros propios corazones.

El momento más común para que Dios nos hable es cuando Sus hijos están sentados tranquilamente en Su presencia.

El salmista escribió: «Estad quietos y conoced que yo soy Dios» (Salmo 46:10). Me agrada la interpretación radical y fresca de Eugenio Peterson de este pasaje en El Mensaje (The Message): «¡Aléjese del tránsito! Echa una mirada larga y amorosa a mí, tu Dios Alto, sobre la política, sobre todo.»

Dios puede hablar cuando quiera, en cualquier parte, y dondequiera. Él no está ligado para hablar en un templo o en cualquier lugar físico. El nuevo templo de Dios es nuestro cuerpo y el Espíritu Santo mora allí todo el tiempo. El tiempo más común, sin embargo, para que Dios nos hable es cuando Sus hijos están pasando un tiempo de calidad en Su presencia. Durante el tiempo devocional Dios tiene nuestra atención. Le hemos dedicado tiempo a Él. Nuestros corazones son preparados por medio de la Palabra, adoración y confesión.

La estática se ha ido. La señal llega fuerte y clara. Estamos sintonizados con la estación correcta.

Las dulces impresiones de Dios

No creo que exista una única fórmula para oír la voz de Dios. A medida que llega a intimar con Dios, sólo sabrá cómo Dios le habla a usted; no llegará a ser un experto en la manera cómo Dios le habla a otros. Blackaby y King escriben:

> Una relación íntima de amor con Dios es la clave para conocer la voz de Dios, para oír cuando Dios habla. Usted llega a conocer Su voz mientras lo experimenta en una relación de amor. Mientras Dios habla y usted responde, llegará al punto de reconocer cada vez más claramente su voz. Algunas personas tratan de pasar por alto la relación de amor. Algunos buscan una señal milagrosa o tratan de depender de una «fórmula» o una serie de pasos para descubrir la voluntad de Dios. Sin embargo, no existe ningún sustituto para la relación íntima con Dios.[2]

La palabra impresión describe mejor la manera cómo Dios me habla. Él pone una impresión en mi mente y espíritu de Su voluntad y Sus deseos para mi vida. Al pasar tiempo en Su presencia, me he familiarizado con Sus suaves indicaciones como guía para mi vida.

No estoy seguro cómo describir estas suaves indicaciones. Simplemente sé cuando Dios me está hablando. Es claro, sencillo, suave y correcto. Mi reacción interior es «Sí, es eso.» Estas impresiones podrían mostrarme a quién debo llamar, adónde debo ir o lo que debo hacer.

La Voz de Dios	La Voz de Satanás
• Acompañado de paz	• Acompañado de miedo
• Sabiduría mansa	• Confusión
• Libertad	• Presión
• Poder para realizar	• La culpa debido a la
la tarea of task	dificultad de la tarea

En cierta oportunidad yo había estado luchando durante unas semanas con la manera cómo presentar un concepto en un compromiso de un mensaje que yo debía dar en el futuro. Una mañana durante mi tiempo devocional mientras meditaba en la Palabra de Dios, me sobrevino una dulce impresión de cómo podría presentar este concepto de una manera atractiva. Una dulce paz pasó sobre mí y me encontré diciendo: «Sí, esto es de Ti, Dios. Esto funcionará. Gracias.»

Cuando Dios habla, siempre hay paz. Pablo dice: «Y la paz de Dios gobierne en vuestros corazones, a la que asimismo fuisteis llamados en un solo cuerpo. Y sed agradecidos» (Colosenses 3:15). La frase «gobierne en vuestros corazones» significa dar las instrucciones como un árbitro. La paz de Dios nos ayudará a conocer Sus decisiones para nuestras vidas, como cuando el árbitro grita un gol o una pasada.

La voz de Dios no nos debe producir confusión o miedo. Santiago describe esta diferencia:

Pero si tenéis celos amargos y rivalidad en vuestro corazón, no os jactéis ni mintáis contra la verdad. No es esta la sabiduría que desciende de lo alto, sino que es terrenal, animal, diabólica, pues donde hay celos y rival-

idad, allí hay perturbación y toda obra perversa. Pero la
sabiduría que es de lo alto es primeramente pura, después
pacífica, amable, benigna, llena de misericordia y de buenos frutos, sin incertidumbre ni hipocresía

Santiago 3:13-17

Aun cuando Dios nos está hablando sobre el pecado o
pidiéndonos que andemos en obediencia a Su guía, Él viene
a nosotros con ternura. Satanás, por el contrario, desorganiza,
perturba y produce confusión. Él es un ladrón, asesino y
mentiroso que atemoriza, produce dolor y angustia y le gusta
dejar a las personas desvalidas y desconcertadas.
Si es la voz de Dios que está escuchando, cesará toda confusión. Cuando me encuentro confundido, busco a Dios. En
Su presencia encuentro descanso, satisfacción y consuelo. La
Biblia nos dice que «el reino de Dios es. . . justicia, paz y gozo
en el Espíritu Santo» (Romanos 14:17).

Mientras estudiaba en Canadá, recuerdo a un estudiante
compañero con problemas que con miedo se me acercó diciendo: «Me desperté en el medio de la noche y sentía que Dios
me decía: "Prepárate para morir." Tengo tanto miedo. ¿Piensas que fue Dios que me habló?»

«De ninguna manera», le dije. «Dios no te provocaría
miedo. Reprende al diablo.» Yo sabía por experiencia que
Dios no nos asusta con Su voluntad. Estoy de acuerdo con
Everett Lewis Cattell:

Escuché otra cosa muy útil de cierto predicador. Él dijo
que. . . siempre que tenemos un fuerte impulso repen-
tino de hacer algo extraño y que debemos hacerlo rápidamente, podemos estar prácticamente seguros que la
impresión ha venido del diablo... He podido comprobar
después en mi experiencia que esto es cierto. Dios es

Aprenda a discernir lo falso

Los que entrenan a las personas en el trabajo de identificar las falsificaciones nunca le proporcionan a los aprendices los billetes falsos. Más bien, los aprendices llegan a familiarizarse tanto con los billetes verdaderos que pueden identificar fácilmente los billetes falsos. Del mismo modo, al acostumbrarse a oír la voz de Dios, usted logrará descubrir cualquier impresión falsa.

amor; Él no nos da Su guía como una forma de castigo sino como una expresión amorosa de Su interés en los asuntos de nuestras vidas.[3]

En cierta oportunidad cuando estaba ministrando en Rusia, mi hija Sara sentía que ella escuchaba que Dios le decía que yo iba a morir antes de volver a casa. Mi esposa le preguntó a Sara: «¿Cómo te sientes cuando piensas en esto?» Ella empezó a temblar y a llorar y dijo: «Estoy muy asustada.» Mi esposa sabía inmediatamente de quién venía el pensamiento. Ella le habló a Sara acerca de la suave voz de Dios y el fruto de la paz que acompaña Sus impresiones. Celyce y Sara oraron para reprender al enemigo y que Dios le concediera su dulce paz.

Reconociendo la voz de Dios

Es de sabios permanecer humildes con respecto a escuchar la voz de Dios. Yo prefiero usar la frase: *«Tengo la impresión que Dios me dice . . .» en lugar de decir «Tuve Palabra del Señor anoche que me dijo. . .»*

En 1976 conocí a una mujer que se llamaba Elaine en la
Capilla del Calvario en Costa Mesa, California, y empezamos
a vernos como novios. Nuestra relación como novios era muy
irregular, principalmente porque un año después fui a Juventud Con Una Misión y terminé yendo a la Universidad Bíblica
en Alberta, Canadá, para prepararme para la obra misionera
de jornada completa.

Durante unas vacaciones de verano, mientras pasaba un
tiempo en California, llamé a Elaine, esperando verla.
Su respuesta fue fría y cortante. «El Señor me dijo que
debemos romper nuestra relación.»

Yo le repliqué: «Elaine, el Señor no me dijo eso *a mí*...»
Pero Elaine no tenía nada más para decir y colgó el teléfono.
Ella había escuchado de parte de Dios y su conversación con
el Omnipotente no incluía el nombre de Joel Comiskey. Caso
cerrado.

Mirando hacia atrás, estoy seguro que Dios sí le estaba
hablando y ahora sé que Él tenía un plan diferente para
ambos. Sin embargo, en el momento, su falta de humildad me
dejó mudo y enfadado. Cuando comparta sus impresiones de
Dios con otros, hágalo con humildad. Incluso cuando está
seguro que ha recibido palabra de Dios, hágalo cortésmente.

Si somos honestos, admitiremos que escuchar la voz de
Dios no es tan fácil como algunos lo expresan. Algunas personas profesan que pueden devanar cada adjetivo, adverbio
y signo de exclamación de la comunicación audible de Dios
a ellos; ésta no ha sido mi experiencia.

Incluso Pedro tenía dificultades para discernir la voz de
Dios todas las veces. Él estaba en lo correcto con respecto a
la identidad de Cristo cuando le dijo a Jesús: «Tú eres el Cristo,
el Hijo del Dios viviente» (Mateo 16:13-16). Jesús reconoció
entonces que Pedro había recibido palabra directamente de
Dios:

—Bienaventurado eres, Simón, hijo de Jonás, porque no te lo reveló carne ni sangre, sino mi Padre que está en los cielos. Y yo también te digo que tú eres Pedro, y sobre esta roca edificaré mi iglesia, y las puertas del Hades no la dominarán.

Mateo 16:17-18

Sin embargo, tan solo uno pocos versículos después Pedro no oyó la voz de Dios con respecto a la misión de Cristo de morir en la cruz. Él tomó a Jesús al lado y empezó a reprenderlo:

«Señor, ten compasión de ti mismo. ¡En ninguna manera esto te acontezca!» Pero él, volviéndose, dijo a Pedro: «¡Quítate de delante de mí, Satanás! Me eres tropiezo, porque no pones la mira en las cosas de Dios, sino en las de los hombres»

Mateo 16: 22-23

Pedro había acertado ahora una de dos.

Aunque Jesús dijo que Sus ovejas oyen Su voz (Juan 10:3-4), también debemos comprender que los corderos tienen que aprender a reconocerlo. Es un proceso. Requiere de práctica. Es posible que Dios nunca le vaya a hablar exactamente como le habló a Samuel o a Elías.

Podemos estar seguros, sin embargo, que creceremos más oyendo e identificando la voz de Dios cuanto más tiempo pasamos con Dios en la habitación secreta de escuchar. Cuando pasamos tiempo con el Fabricante, Él nos hablará más a menudo y más claramente, y recibiremos la guía divina que no sólo transformará nuestras propias vidas, sino también las vidas de los que nos rodean.

Resumen del capítulo

• Dios desea hablarnos directamente.
• Generalmente Dios nos habla en el silencio de nuestro tiempo devocional.
• La paz de Dios acompaña Sus impresiones en nosotros (Colosenses 3:16).

Pasos prácticos

• Espera en silencio delante de Dios y busque de oír Sus impresiones en su corazón.
• Cuando Dios le habla, apunte esas impresiones en un diario del tiempo devocional.

Para estudio en grupo

• Comparta acerca de un tiempo cuando sintió que Dios que le estaba hablando. ¿Qué dijo Él?
• Comparta con el grupo la manera más común que Dios tiene para hablarle.

LA ORACIÓN

Cuando mi esposa y yo llegamos a Costa Rica en abril de 1990, éramos tan verdes como podían ser unos gringos. Habíamos ingresado en un programa intensivo de estudio del idioma español porque sabíamos que pronto estaríamos viajando a Ecuador. Anhelábamos hablar correctamente el idioma español.

Mientras estudiábamos, aprendimos que Dios da gracia en la debilidad. En lugar de decir, «*Quisiera conocerte*», yo decía: «*Quisiera cocinarte*». Algunos de mis errores en español más cómicos no se pueden repetir en público.

Yo tenía 33 años de edad y distinguir los diferentes sonidos extranjeros me resultaba muy difícil. Para compensar por mi falta de talento natural, yo tenía que estudiar durante horas. Como un niño, aprendí la importancia de seguir las leyes gramaticales y la lógica del idioma español. Yo sabía, sin

Los principios de la oración

- Dios desea contestarnos (vea Mateo 14:13-14).
- Tenemos todo el poder en el nombre de Jesús (vea Filipenses 2:9-11).
- Debemos orar según la voluntad de Dios (vea 1 Juan 5:14-15).
- Dios desea la oración ferviente (vea Santiago 5:17).

embargo, que tomarme el tiempo al principio tendría un impacto duradero sobre mi ministerio en América Latina.

El idioma de la oración, aunque sencillamente es la comunión con Dios, sigue ciertas reglas. La Palabra de Dios nos habla de tres en particular, que estudiaremos en un momento: entender la voluntad de Dios de contestar, pedir conforme a su voluntad y orar fervientemente. Si seguimos estos principios, descubriremos que Dios nos dará más de lo que podemos pedir o pensar (vea Efesios 3:20). Igualmente, si ignoramos estas reglas lo hacemos a nuestro propio riesgo.

El lugar de la oración en el tiempo devocional diario

El diccionario define la oración primero como un acto de comunión con Dios y en segundo lugar como una petición reverente hecha a Dios.[1] La oración es un diálogo íntimo entre el Padre y su hijo. La petición es un resultado de nuestra comunión con Él.

Muchas personas creen que la oración y un tiempo devocional diario son la misma cosa. Se puede descubrir esto en una rápida contestación como por ejemplo: «Por supuesto que oro». Sin embargo la oración es sólo un aspecto del tiempo devocional.

Las disciplinas del tiempo devocional siguen una tras la otra en forma natural. El estudio de la Palabra de Dios es generalmente la primera disciplina, seguida por la meditación, la adoración, la confesión y escuchar. Sin estas disciplinas espirituales previas, el creyente no está bien equipado para orar según la voluntad de Dios.

Jorge Mueller, un hombre que fue un modelo de la oración eficaz, escribió: «Cuando oramos, hablamos a Dios. Este ejercicio del alma puede realizarse mejor después de que el hombre interior se haya nutrido por la meditación en la Palabra de Dios.»[2]

En mi propio tiempo devocional, me gusta recibir fortaleza espiritual de la Palabra y de la adoración antes de orar. Cuando encuentro fortaleza a través de la Palabra de Dios, estoy más estimulado a tener comunión con Dios y a orar por otros.

La disposición de dios para contestar

La primera pauta para la oración eficaz es el conocimiento que Dios está dispuesto a responder. Dios no sólo oye nuestras oraciones sino que también tiene la intención de contestar. Este principio se capta en la contestación de Cristo al leproso que cuestionó Su disposición para sanarlo. Leemos: «Jesús, teniendo misericordia de él, extendió la mano, lo tocó y le dijo: "Quiero, sé limpio."» (Marcos 1:41).

Richard Trench, el Arzobispo Anglicano en Dublín en el siglo XX, dijo: «La oración no es el vencimiento de la resistencia de Dios; es asirse de Su más alta disposición por contestar.»[3] Dios nos estimula a orar revelando Su intención para contestar. En el espacio de tres capítulos en el evangelio de Juan, Jesús repite vez tras vez la disposición del Padre de contestar nuestras oraciones:

El deleite de Dios

Dios se deleita en contestar nuestras oraciones porque somos sus hijos, revestidos de la justicia de Cristo. Nos acercamos a Dios, no en nuestro propio nombre y justicia, sino en el poderoso nombre de Jesús, Su Hijo.

Todo lo que pidáis al Padre en mi nombre, lo haré, para que el Padre sea glorificado en el Hijo. Si algo pedís en mi nombre, yo lo haré. (Juan 14:13-14).

Si permanecéis en mí y mis palabras permanecen en vosotros, pedid todo lo que queráis y os será hecho. (Juan 15:7).

En aquel día no me preguntaréis nada. De cierto, de cierto os digo que todo cuanto pidáis al Padre en mi nombre, os lo dará. Hasta ahora nada habéis pedido en mi nombre; pedid, y recibiréis, para que vuestro gozo sea completo. (Juan 16:23-24).

Muy a menudo pensamos que se requiere de la auto-flagelación o de una falsa humildad para que las oraciones sean contestadas. Sentimos que tenemos que ganar nuestro derecho a ser oídos. La verdad es todo lo contrario. Debido al nombre de Cristo, podemos acercarnos al trono de la gracia con confianza, sabiendo que nuestras oraciones serán oídas y contestadas (Hebreos 4:12).

Jesús dice: «Pues si vosotros, siendo malos, sabéis dar buenas cosas a vuestros hijos, ¿cuánto más vuestro Padre que está en los cielos dará buenas cosas a los que le pidan?» (Mateo 7:11).

Nuestro Padre en los cielos, como cualquier bueno padre terrenal, quiere que Sus hijos capten su disposición para responder. Nuestro deber simplemente es seguir el consejo de Jesús: «Pedid, y se os dará; buscad, y hallaréis; llamad, y se os abrirá» (Mateo 7:7).

Recuerde: Dios quiere contestar nuestras oraciones, pero también quiere transformarnos en el proceso. Muy a menudo Dios tiene que trabajar en nuestras propias vidas antes de poder confiarnos su respuesta.

Ana, la madre de Samuel, oraba y oraba para tener un hijo. Sin embargo Dios no le contestó inmediatamente lo que ella pedía. Dios mantenía cerrada la matriz de Ana hasta que ella estaba dispuesta a ofrecer a su primogénito al Señor. Dios esperó hasta que el corazón de Ana estaba en línea con el Suyo, y cuando el cambio era completo, Dios contestó sus oraciones al permitirle dar nacimiento a Samuel que llegó a ser un gran profeta de Israel (ver 1 Samuel 1:10-11).

Carlos Finney, un popular predicador de avivamiento del siglo XIX, dijo en cierta oportunidad: «La oración produce tal cambio en nosotros de tal modo que es consistente para Dios hacer como se le ha pedido, que de otro modo no sería consistente para Él hacerlo de otro modo.»[4] Para que Dios pueda estar de acuerdo con nuestras oraciones, Él debe prepararnos para recibir la respuesta: Espere que Dios le cambie mientras ora.

Orando según la voluntad de Dios

Aunque la Biblia está llena de las promesas de Dios de que contestará las oraciones, no debemos asumir que Dios concederá la respuesta de todas las oraciones. Él siempre oirá y contestará, pero a veces Su respuesta es no.

No entender esto hace que muchos creyentes sinceros duden que Dios realmente los oye. Cansados de dar vueltas a

¡Oh! ¡que amigo nos es Cristo!

¡Oh! ¡Qué amigo nos es Cristo!
Nuestras culpas él llevó,
Y nos manda que llevemos
Todo a Dios en oración.
¿Somos tristes, agobiados,
Y cargados de aflicción?
Esto es porque no llevamos
Todo a Dios en oración.

- José Scriven, 1819 (traducido).

las mismas oraciones en la órbita de sus propias mentes y esperando largos períodos de tiempo por una respuesta, muchos pierden finalmente la confianza y dejan de orar.

La mayoría de los creyentes necesita un sacudón de confianza para seguir orando. El apóstol Juan escribió precisamente a este grupo cuando decía: «Esta es la confianza que tenemos en él, que si pedimos alguna cosa conforme a su voluntad, él nos oye. Y si sabemos que él nos oye en cualquiera cosa que pidamos, sabemos que tenemos las peticiones que le hayamos hecho» (1 Juan 5:14-15).

Orar según la voluntad de Dios, la segunda pauta para la oración eficaz, es el único remedio conocido para el cenagal de la duda. Cuando sabe que está orando según la voluntad de Dios estará motivado a seguir, sabiendo que Dios concederá su petición.

Al determinar la voluntad de Dios, el primer lugar para mirar es la Biblia. Aquí es donde entra el tiempo devocional. Estudiar y meditar en la Palabra de Dios inyecta confianza en los creyentes cansados. Podemos estar seguros que Dios quiere lo que Su Palabra ya ha declarado. Tome, por ejemplo, la salvación de los perdidos. El apóstol Pedro escribió:

Pero, amados, no ignoréis que, para el Señor, un día es como mil años y mil años como un día. El Señor no retarda su promesa, según algunos la tienen por tardanza, sino que es paciente para con nosotros, no queriendo que ninguno perezca, sino que todos procedan al arrepentimiento (2 Pedro 3:8-9).

Pablo escribió a su discípulo Timoteo: «Esto es bueno y agradable delante de Dios, nuestro Salvador, el cual quiere que todos los hombres sean salvos y vengan al conocimiento de la verdad, pues hay un solo Dios, y un solo mediador entre Dios y los hombres: Jesucristo hombre» (1 Timoteo 2:3-5).

El creyente puede orar confiadamente por la salvación de un pariente, miembro familiar o amigo porque la Biblia nos dice que Dios no quiere que ninguno perezca. Aunque los cristianos nunca entenderán totalmente el plan secreto de la elección soberana de Dios y nuestro libre albedrío (no todos se salvarán), podemos orar sabiendo confiadamente que Dios desea la salvación de todas las personas.

Otras peticiones no son tan claras. ¿Dios quiere que yo vaya a la universidad en la Costa Oriental o en la Costa Occidental? ¿Qué automóvil debo comprar? ¿Es mejor alquilar o comprar una casa? La voluntad personal de Dios es distinta para cada individuo y el creyente debe discernir la voluntad específica de Dios para él o ella.

Los cristianos a menudo no reciben respuestas a sus peticiones de oración porque están impregnadas de deseos cuestionables. Están orando según su propia voluntad en lugar de la de Dios. Santiago 4:3 dice: «Pedís, pero no recibís, porque pedís mal, para gastar en vuestros deleites»

Discernimiento

Mientras pasamos tiempo en la presencia de Dios, Su Espíritu Santo nos ayuda a discernir Su guía especifica.

En 1978, por ejemplo, solicité un empleo como conductor de un ómnibus colectivo en el Distrito Unificado de la Universidad de Los Ángeles. La razón principal por querer ese trabajo era para ganar más dinero. Repetidamente «reclamé el empleo por fe» declarando que «ya era mío.» Traté de negar todas las dudas y pensamientos negativos, siguiendo los consejos de un predicador de radio que yo había escuchado.

Había sólo un problema: Dios no quería que yo tuviera ese trabajo.

Él tenía otros planes para mí. Fallé en la prueba final para conducir escasamente por un punto (no dejé el cambio puesto cuando estacioné el autobús). Sin embargo, era un fracaso santo. Unos pocos meses después salí con Juventud con una Misión por un viaje por un período corto a Canadá y permanecí en Canadá para seguir mis estudios. De allí, Dios me lanzó al ministerio cristiano. Al mirar atrás comprendo ahora que yo había discernido mal la voluntad de Dios.

No presione con su propia voluntad contra la de Dios. No haga lo de «decirlo y reclamarlo», pensando que por eso Dios debe responder. Él es soberano; usted no lo es. Pasar bastante tiempo en la presencia de Dios le ayudará a discernir la guía específica de Dios. Mientras estudia la Palabra, medite en Sus promesas, adore en Su presencia y escuche Su voz y Él le mostrará Su plan específico para su vida.

Después de discernir la voluntad de Dios para cada situación, podemos orar con plena confianza. El libro de Santiago nos dice que cuando un creyente pide algo, debe pedir «con fe, no dudando nada, porque el que duda es semejante a la onda del mar, que es arrastrada por el viento y echada de una parte a otra. No piense, pues, quien tal haga, que recibirá cosa alguna del Señor, ya que es persona de doble ánimo e inconstante en todos sus caminos» (Santiago 1:6-8).

La oración fervorosa

Durante catorce años tuve el sueño secreto de poder visitar La Iglesia del Pleno Evangelio Yoido en Seúl, Corea. En 1997, Dios cumplió mi deseo.

A las 6 en una mañana del domingo asistí al primer culto que se hallaba repleto con aproximadamente 18,000 personas. Asistía a todos los ocho cultos de adoración a lo largo del día. Antes de asistir al culto a las tres de la tarde, pensé para mí: «Seguramente a este culto no asistirán muchas personas.» Yo estaba equivocado. 25,000 personas estaban presentes.

Al final del día, calculé que 153,000 personas habían asistido a la iglesia madre y 100,000 personas a las diez iglesias satélites que se reúnen en otras zonas de Seúl, Corea, para ver y escuchar el culto en la iglesia madre por circuito cerrado de televisión.

Alguien me había dicho antes de ir a Corea que la Iglesia del Pleno Evangelio Yoido estaba en declive. Yo pensé para mí: *¡Si esto es declive, como será cuando hay crecimiento en la iglesia!*

Se necesitan más oraciones fervorosas

Elías era hombre sujeto a pasiones semejantes a las nuestras, y oró fervientemente para que no lloviera, y no llovió sobre la tierra durante tres años y seis meses. Y otra vez oró, y el cielo dio lluvia y la tierra produjo su fruto (Santiago 5:17-18).

No fue sino hasta la mañana siguiente que entendí el secreto del éxito de esta gran iglesia. Estaba nevando ligeramente esa mañana del lunes de abril. Empaqué todo y bajé al santuario principal a las 5:30 de la mañana. Allí vi a 3,000 santos coreanos sobre sus rodillas clamando a Dios. «Danos a Corea para Tu Hijo Jesús, querido Señor.»

Comprendí que la iglesia más grande en la historia del cristianismo era una iglesia que oraba. Esta iglesia estaba dispuesta a pagar el precio en oración y como resultado Dios estaba bendiciéndolos poderosamente.

Esa misma mañana del lunes tomé un autobús a la Montaña de Oración, un cementerio anterior convertido en una montaña de oración. Un estimado de 10,000 personas pasan por esta montaña de oración todas las semanas. La Iglesia del Pleno Evangelio Yoido ha tallado centenares de cuevas en el lado de esta montaña con el propósito de que vayan allí para orar. Era emocionante caminar junto a las cuevas de oración y escuchar los clamores del pueblo de Dios ascendiendo al trono de Dios.

Estos creyentes coreanos me recordaban a Epafras, una persona de quien Pablo dijo: «Él siempre ruega encarecidamente por vosotros en sus oraciones, para que estéis firmes, perfectos y completos en todo lo que Dios quiere» (Colosenses 4:12). El verbo «luchar» o «rogar encarecidamente» en este versículo quiere decir literalmente «agonizar».

Esto es lo que me falta, yo me dije. *Necesito luchar más en oración. Yo necesito más fervor.* Comparándome con los cristianos coreanos, mi vida de oración era desganada. Salí de Corea con la inspiración de reforzar el fervor en mi vida de oración.

En su tiempo devocional, ore con fervor y seriedad. Persista en sus oraciones por sus padres, compañeros de la oficina o hijos no convertidos – sabiendo que Dios está dispuesto a contestar sus oraciones. Mientras ore en conformidad a Su voluntad, Dios contestará sus oraciones, y su tiempo devocional cobrará vida.

Resumen del capítulo

* La oración es primeramente y por encima de todo el acto de la comunión con Dios. En segundo lugar, la oración involucra la intercesión a favor de otros.
* Dios desea responder a nuestras oraciones. Él quiere que oremos en conformidad a Su voluntad y que oremos fervientemente para que Él pueda contestar nuestras oraciones más allá de nuestra imaginación.
* Dios obra a través de la oración para transformarnos.
* Podemos orar con confianza cuando sabemos que estamos orando según la voluntad de Dios.

Pasos prácticos

* Encuentre uno o más versículos para justificar una petición de oración particular. Esto le ayudará a orar con más fervor.
* Mientras ora para que Dios obre en su propia vida (por ejemplo, libertad de la amargura, más gozo), registre esos cambios en un diario.

Estudio para el grupo

* Comparta algunas peticiones de oración por las que está orando ahora.
* ¿Por qué cree que esas peticiones de oración están dentro de la voluntad de Dios?

LA INTERCESIÓN

Cuando pienso en mi infancia, recuerdo a mi amigo Glen. Glen y yo hemos sido amigos desde nuestros días de la escuela primaria en Long Beach, California. Todavía puedo recordar cuando jugaba en su casa, el viaje que hicimos juntos a México con el YMCA (Asociación Cristiana de Jóvenes), y las tonterías del campamento de sexto año.

Seguíamos siendo buenos amigos por varios años más, pero en los años de la Enseñanza Secundaria Glen y yo empezamos a meternos con los efímeros «placeres del pecado». Jesús me rescató a la edad de diecisiete, pero Glen continuó su camino siguiendo al Príncipe de este Mundo, Satanás.

Cuatro años después de recibir a Jesús, mientras estaba en la escuela Bíblica en Alberta, Canadá, mi madre me llamó desde California. Ella me dijo: «Hablé con la mamá de Glen la semana pasada. Ella me dijo que Glen está viviendo con su novia en Hawaii, y está involucrado con las drogas y viviendo "una vida de locos". Pero Joel, ella mencionó que Glen siente un gran respeto por ti.»

Cuando oí esas palabras, sentí que el Espíritu de Dios me decía: «Joel, tú necesitas empezar a orar periódicamente por Glen.» Ahora, yo nunca me había considerado un guerrero de oración. Embarcando en este nuevo viaje de oración persistente por Glen era territorio inexplorado, pero decidí intentarlo. Empecé a orar por Glen casi todos los días – probablemente de cinco a seis días por semana.

Un año después, yo estaba de vacaciones durante el verano en California. Llamé a mi amiga Ginger, lo cual acostumbraba a hacer para mantenerme en contacto. Ella exclamó: «Joel, Glen acaba de volver de Hawaii. ¡Está aquí en mi casa ahora mismo! Durante los últimos dos días me ha estado diciendo: "Tengo que hablar con Joel; tengo que hablar con Joel."»

Asombrado, hablé por teléfono con Glen (por primera vez en cinco años), e hicimos planes para encontrarnos a la noche del día siguiente. En esa reunión compartí con Glen todo el evangelio. Glen no recibió a Jesucristo esa noche - él no estaba listo para abandonar el pecado que él todavía amaba. Pero Dios había obrado un milagro en mi propia vida y para siempre me había convencido del poder de la intercesión.

Durante los próximos diez años oré por Glen casi todos los días con el estímulo de Dios. Durante ese período de tiempo yo intentaba establecer contacto con Glen, pero él se negaba a devolver mis llamadas telefónicas. Probablemente logré hablar con él tres o cuatro veces durante esos diez años. Glen conocía mis intenciones, había contado el costo y todavía quería vivir lejos de Jesús.

Entonces un sábado de tarde yo estaba meditando en el edificio de la iglesia en el centro de la ciudad que yo había plantado en Long Beach, California. De repente entró Glen al edificio de la iglesia: «Joel, ayúdame. Tengo que cambiar. Mi vida es un desastre.» Entonces conversamos y le exhorté a Glen que asistiera a mi iglesia al día siguiente.

¡Glen llegó en hora y durante la invitación entregó su vida a Jesucristo! No tenía palabras para expresar la gratitud y alegría que experimenté esa mañana. ¡Después de orar durante diez años, Dios había contestado! Empecé a discipular a Glen y a su novia, Karen. Varios meses después los bauticé. Poco tiempo después de esto, tuve el privilegio de casarlos. Posteriormente dediqué a su bebé al Señor. Dios de verdad contesta la oración.

La oración por otros

La oración intercesora es una petición o solicitud seria a Dios a favor de otra persona. La Biblia nos da varios ejemplos de la intercesión:

• Job intercedió por sus compañeros, y el Señor le hizo próspero de nuevo (Job 42:10).

• Abraham intercedió por su sobrino Lot que estaba viviendo en Sodoma. Su petición era que Dios liberara a su sobrino y que tuviera misericordia de él (Génesis 18:16-33).

• Moisés intercedió por el pueblo de Dios que estaba enfrentando el juicio de Dios. Moisés rogó a Dios para actuar con misericordia en lugar de juicio (Éxodo 32:9-14).

• Samuel reconoció su deber de orar por el pueblo de Dios. Él incluso consideró que era un pecado no hacerlo. Él dijo: «Así que, lejos de mí pecar contra Jehová dejando de rogar por vosotros» (1 Samuel 12:23).

• Jesucristo intercedió por sus discípulos: «Yo ruego por ellos; no ruego por el mundo, sino por los que me diste, porque tuyos son... Padre santo, a los que me has dado, guárdalos en tu nombre, para que sean uno, así como nosotros.» (Juan 17:9,11).

Pasos a la oración intercesora

- Discierna correctamente la necesidad de la persona (o personas).
- Entre en el campo de batalla de oración a favor de esa persona.
- Ore persistente y fervientemente por sus necesidades.
- Regocíjese cuando Dios contesta sus oraciones.

Dios está buscando guerreros de oración que se pongan en la brecha a favor de otros. Hablando a través de Ezequiel, Dios dijo: «Busqué entre ellos un hombre que levantara una muralla y que se pusiera en la brecha delante de mí, a favor de la tierra, para que yo no la destruyera; pero no lo hallé» (Ezequiel 22:30).

La oración en nuestros tiempos devocionales está diseñada no sólo para edificarnos y para satisfacer nuestras propias necesidades. Dios quiere que entremos en el campo de batalla y que oremos fervorosamente por otros. La intercesión significa compromiso y dedicación. En su tiempo devocional, es probable que usted ore diariamente por ciertos individuos - su papá, hermana, primo u obrero compañero no convertido. Hay otras peticiones por las que posiblemente ore semanalmente. Es de ayuda hacer una lista de esas cosas por las que orará todos los días de la semana. Después registre las respuestas a medida que Dios las contesta.

¿Por qué es tan difícil la intercesión? Porque Satanás, el príncipe de este mundo, se niega a abandonar el control sin una batalla. Debemos recordar que la oración intercesora es la guerra espiritual contra las fortalezas demoníacas. La Biblia nos recuerda que: «No tenemos lucha contra sangre y carne, sino contra principados, contra potestades, contra los gobernadores de las tinieblas de este mundo, contra huestes espirituales de maldad en las regiones celestes» (Efesios 6:12).

La rebelión contra el statu quo

Jesús nos enseña cómo orar en Mateo 6:9-10: «Padre nuestro que estás en los cielos, santificado sea tu nombre. Venga tu Reino. Hágase tu voluntad, como en el cielo, así también en la tierra...» David Wells, en su excelente artículo «La Oración: Rebelándonos Contra el Statu Quo», dice:

> ... la oración de peticiones sólo florece dónde hay fe en dos cosas: primero, que el nombre de Dios es santificado demasiado irregularmente, su reino ha venido demasiado poco y su voluntad no se hace lo suficiente; segundo, que Dios mismo puede cambiar esta situación. La oración de peticiones es la expresión de la esperanza que la vida tal como la encontramos, puede ser diferente y, por el otro lado, que debe ser diferente.[1]

La oración intercesora en el tiempo devocional es la rebeldía contra el mundo en su estado caído y el absoluto rechazo de aceptar como normal lo que es totalmente anormal. Es muy eficaz cuando se rebela activamente contra el

La rebelión contra el statu quo

- No acepte como normal lo que Dios ha declarado como anormal.
- Canalice su justo enojo contra las injusticias y otros males por medio de la oración intercesora.

statu quo de este mundo. La resignación, de hecho, es la mayor enemiga de la oración intercesora poderosa.[2] Sus oraciones pueden y seguramente harán una diferencia. No acepte como normal lo que Dios ha definido claramente como anormal: mentiras, estafas, sobornos, hábitos sexuales perversos, y más. Insista a través de la oración que se haga la voluntad de Dios en determinada situación injusta. No se enoje por la injusticia alrededor de usted. En cambio, canalícelo correctamente a través de la oración intercesora. Rebélese contra el statu quo para que la voluntad de Dios se haga en la tierra como en el cielo.

Muchas de las personas en la congregación de mi iglesia en Long Beach eran afro-americanos. Un domingo de mañana conté una historia ficción acerca de una mujer afro-americana en el lado oeste de Long Beach que vivía sola en su casa de apartamentos.

Les conté cómo el propietario no se preocupaba de los arrendatarios y permitió el edificio se deteriorase. Esta viuda pobre no tenía calefacción en su apartamento durante los meses del invierno. Ella decidió llevar el asunto ante la corte. Aunque no sabía nada sobre el sistema judicial, ella siguió adelante y de todas formas presentó su queja.

Desgraciadamente, su caso fue dado a un juez prejuiciado y ateo. Él pensaba que los afro-americanos no debían esperar que sus derechos fueran defendidos. Cuando se presentó el primer día delante de él, él evitaba el contacto visual mientras movía de una parte a otra algunos papeles «más importantes». Sin embargo, ella regresaba vez tras vez, presentando una queja tras otra. Ella se negaba a rendirse aunque él se enfadaba. Finalmente él se puso tan irritado que le concedió lo que pedía para que ella no fuera más a su corte.

Esta historia ayudó a mi congregación a entender el significado de la parábola de Cristo sobre la viuda pobre en Lucas 18 que se negaba a aceptar el statu quo. Ella, también, expuso su caso ante un juez insensible y ganó porque ella se negaba a aceptar su situación injusta.

Como cristianos, podemos rebelarnos contra el statu quo orando persistentemente por nuestros amigos incrédulos para que se salven, para que los no alcanzados escuchen el evangelio y para que reine la justicia de Dios en medio de la injusticia.

No se rinda nunca

Jorge Mueller oró a lo largo de su vida para que cinco amigos conocieran a Jesucristo. El primero vino a Cristo después de cinco años. A los diez años, dos más de ellos recibieron a Cristo. Mueller oró constantemente por más de veinticinco años y finalmente se convirtió el cuarto hombre. Por su quinto amigo, él oró hasta el tiempo de su muerte, y este amigo también vino a Cristo unos meses después de la muerte de Mueller. Por este último amigo Mueller había orado durante casi cincuenta y dos años.

No deje de orar por alguien después de unas semanas. Podría tomar mucho más tiempo: Dios no considera el tiempo de la misma manera que nosotros. Él oye cada oración que usted hace y Él desea que usted persista hasta el fin. A veces usted querrá rendirse. No lo haga. Dios está oyendo sus oraciones y está contento con ellas. A Su tiempo la respuesta llegará - rápidamente.

Resumen del capítulo

• La intercesión es orar a Dios a favor de otra persona.
• La intercesión es arduo trabajo y requiere de perseverancia.
• La frase «sea hecha tu voluntad, como en el cielo, así también en la tierra» (Mateo 6:10) proporciona el combustible para la oración intercesora.

Pasos prácticos

• Haga una lista de los nombres de aquellos por quienes usted quiere interceder.
• Haga otra lista para apuntar las contestaciones a sus oraciones.

Para estudio en grupo

• Comparta con el grupo los nombres de tres personas por quienes usted está orando para recibir a Jesucristo.
• Comparta con el grupo una contestación a una de sus oraciones intercesoras.
• Oren los unos por los otros.

Catorce

LA GUERRA ESPIRITUAL

«Papá, ¿podemos divertirnos en nuestras devociones familiares hoy? Juguemos un juego de la Biblia. Hagamos algo especial», me dijo mi hija Sarah.

Tengo la tendencia a hacer que nuestros devocionales familiares estén más adaptados como para los adultos. Mis hijas pequeñas me recuerdan la necesidad de usar la imaginación, la creatividad y la diversión. Los sketches de la Biblia siempre son exitosos. El sketch favorito de nuestra hija de cuatro años es el de Daniel en el foso de los leones. Chelsea, sola, juega a ser Daniel, el rey y los leones. Yo me canso tan solo de mirarla.

¿Sabía usted que hay una segunda historia de un león en el libro de Daniel? La segunda historia del león tuvo lugar exactamente por la misma razón como el primero: El compromiso de Daniel de pasar tiempo de calidad con Dios. Pero en la segunda historia del león, Daniel está tratando con el mismo león rugiente al que Pedro se está refiriendo cuando dice: «Vuestro adversario el diablo, como león rugiente, anda alrededor buscando a quien devorar» (1 Pedro 5:8).

En esta historia, el ángel Gabriel vino a Daniel en el día veinticuatro del primer mes, cuando Daniel estaba a la orilla del gran río Hidekel, y dijo:

> Daniel, no temas, porque desde el primer día que dispusiste tu corazón a entender y a humillarte en la presencia de tu Dios, fueron oídas tus palabras; y a causa de tus palabras yo he venido. Mas el príncipe del reino de Persia se me opuso durante veintiún días; pero Miguel, uno de los principales príncipes, vino para ayudarme, y quedé allí con los reyes de Persia. He venido para hacerte saber lo que ha de sucederle a tu pueblo en los últimos días, porque la visión es para esos días (Daniel 10:3, 10-14).

Poco comprendía Daniel que estaba en medio de un momento histórico. El enemigo se había movido para frenar la mano de Dios, pero las oraciones de Daniel concedieron

La autoridad y el poder de Jesucristo

El nombre de Jesucristo está por encima de todo otro nombre en todo el universo (Efesios 1:19-23; Filipenses 2:9-11).

Se le ha dado a Jesucristo toda la autoridad en el cielo y en la tierra (Mateo 28:18)

El poder del nombre de Jesús vence los ataques del diablo (Marcos. 16:17,18; Lucas 10:17; Hechos 16:18)

la victoria. La dedicación de Daniel de pasar un tiempo periódicamente con Dios cambió el curso de historia.

Sólo Dios sabe cuántos santos han tenido un impacto sobre las naciones a través de los momentos devocionales con Dios. Como Daniel, Dios quiere usarnos a cada uno de nosotros para trastornar al mundo y ponerlo al revés. En nuestro tiempo devocional, Él nos concederá un nuevo poder para vencer al diablo y andar en victoria delante de Dios.

La liberación de los cautivos

Una nueva ola de pensamiento sobre la guerra espiritual ha surgido en los últimos tiempos. El mapeo espiritual, el nombramiento de las fuerzas demoníacas, orar caminando y romper las maldiciones generacionales son algunas de estas nuevas técnicas espirituales.

Cuando tomé el curso de Pedro Wagner en el Seminario Fuller sobre la guerra espiritual, era escéptico con respecto a este nuevo armamento espiritual. Sin embargo, comprendí rápidamente que Wagner estaba hablando sobre un antiguo tema bíblico: Cómo podemos recuperar el territorio que el enemigo ha reclamado en las vidas de las personas. La escritura dice: «El dios de este mundo les cegó el entendimiento, para que no les resplandezca la luz del evangelio de la gloria de Cristo, el cual es la imagen de Dios» (2 Corintios 4:4).

Las armas de nuestra milicia

Aunque andamos en la carne, no militamos según la carne, porque las armas de nuestra milicia no son carnales, sino poderosas en Dios para la destrucción de fortalezas, derribando argumentos y toda altivez que se levanta contra el conocimiento de Dios, y llevando cautivo todo pensamiento a la obediencia a Cristo. (2 Corintios 10:3-5).

La Palabra de Cristo
Nuestra única arma ofensiva es la Biblia (vea Efesios 6:17)
Jesús citó la Palabra de Dios para reprender al diablo (Mateo 4:1-11)

La Sangre de Cristo
Hay poder en la sangre de Jesús (Hebreos 9:14)
Vencemos al diablo por la sangre de Jesús (vea Apocalipsis 12:11)

Aunque muchos programas de evangelización en el mercado hoy día intentan ganar a las almas por la pura fuerza de los argumentos y métodos evangelísticos, debemos recordar, no obstante, que sólo Jesucristo puede quitar las anteojeras espirituales de los ojos de las personas. Sólo Él puede abrir las mentes de los que no lo conocen todavía.

Omar Cabrera es el fundador de la Iglesia del Futuro en Buenos Aires, Argentina. Su iglesia es una de las más grandes en Argentina con aproximadamente 150,000 miembros en 188 iglesias.[1]

Omar descubrió que la mejor manera de evangelizar a las personas era la de alquilar una habitación de un hotel en una ciudad con el propósito de ayunar y orar. Durante días él se trababa en una guerra espiritual por las personas de esa ciudad hasta que sentía que se habían soltado de las garras de Satanás. Cuando sentía que la obra de Dios ya se había cumplido, empezaba una campaña evangelística en la cual miles y miles recibían a Jesús como Salvador y Señor.

No es necesario que usted alquile una habitación en un hotel para trabar en una guerra espiritual. Hágalo en su habitación de oración cuando se reúne con el Rey de Reyes cada día. Es posible que no vea los resultados de inmediato, pero puede estar seguro que Dios está trabajando en el reino espiritual. Sea persistente y se regocijará mientras Dios contesta sus oraciones.

La sutileza de los ataques de Satanás

Satanás distorsiona el tiempo devocional convirtiéndolo en un manual legalista de reglas. Pronto, usted está más preocupado por el reloj, el procedimiento, lo correcto de todo el proceso, en lugar de Dios mismo. El tiempo devocional llega a ser un ritual religioso en lugar de un deleite diario.

Recuperación

A menudo principiamos nuestro tiempo devocional recuperándonos de los ataques y heridas que recibimos en el campo de batalla. Los dardos de Satanás se han incrustado en nuestras almas: una pelea explosiva con nuestro cónyuge, enojo y desafío de un estudiante beligerante, la tentación de ver pornografía. En nuestros tiempos devocionales, nos ocupamos de nuestras heridas espirituales y recibimos nuevas fuerzas del Omnipotente.

El tiempo devocional es un lugar para tener la mente ágil, poner nuestra armadura en su lugar, detenernos para distinguir entre la voz del enemigo y la del Señor y elaborar la estrategia para rebasar el flanco del enemigo en este nuevo día.

Hace unos días me desperté sintiéndome condenado. Yo había dicho algo tonto a alguien el día anterior. *¿Por qué dije eso?*, pensaba para mí. Me sentía tan humillado, tan derrotado. Y Satanás estaba allí echando leña al fuego, recordándome cada detalle.

Cuando entré para tener mi tiempo devocional y empecé a meditar en Jesucristo, Dios empezó a trabajar en mi vida. Mientras me veía desde la perspectiva de Cristo, encontré fuerza y liberación. Satanás no tenía más remedio sino huir.

Somos limpiados más blancos que la nieve por la sangre de Jesús. Jesús ha pagado el precio por nuestros pecados y los ha quitado para siempre. Neil Anderson dice:

> Su identidad como un hijo de Dios y su autoridad sobre los poderes espirituales no son cosas que está recibiendo o que recibirá en algún momento en el futuro; usted los tiene ahora mismo. Usted es un hijo de Dios espiritualmente vivo ahora mismo. Está sentado ahora mismo en los lugares celestiales con Cristo. Usted posee todo el poder y la autoridad ahora mismo sobre el reino (potestad) de las tinieblas.[2]

Podemos andar en libertad, sabiendo que Jesucristo nos ha comprado al precio de Su sangre. Debido a la cruz, Satanás ya está derrotado. Dios quiere que afirmemos la verdad de la victoria de Cristo mientras resistimos al diablo con firmeza. Aunque Satanás intentará intimidarnos y molestarnos, mientras lo resistimos en el nombre de Jesús, él debe huir (Santiago 4:7).

En nuestro tiempo devocional, afilamos la espada del Espíritu recordando lo que Dios dice sobre nosotros mismos. Recordamos que estamos *en Cristo*, que Dios nos ama y que Él tiene un plan perfecto para nuestras vidas.

Nuestra victoria sobre el Diablo

Inmediatamente después de mudarnos a nuestra casa nueva, Nicole, mi hija intermedia, despertó con los mismos sueños aterradores en varias ocasiones. Como familia decidimos tomar la casa para Jesús. Hicimos una marcha pasando por cada cuarto de nuestra casa, limpiando la casa y reprendiendo al enemigo en el nombre de Cristo y por el poder de Su sangre (Apocalipsis 12:11). Los sueños aterradores de Nicole cesaron desde ese día en adelante.

Estos suaves recordatorios nos dan la convicción que la batalla no es nuestra sino del Señor y que Él nos concederá la victoria. Salimos de nuestro tiempo devocional con una nueva confianza, sabiendo que ninguna arma formada contra nosotros prosperará.

Resumen del capítulo

* Estamos en una batalla espiritual. En nuestros tiempos devocionales nos trabamos en esta batalla a través de la oración intercesora, sabiendo que El que vive en nosotros es mayor que el que está en el mundo.
* El tiempo devocional es el tiempo para recuperarnos de la batalla espiritual y para prepararnos para la próxima.

Pasos prácticos

* Reconozca su posición de autoridad en Jesucristo. Reflexione y memorice estos versículos: Mateo 28:18-20, Colosenses 2:13-15, y Lucas 10:17-20.
* Ore que las personas perdidas sean liberadas de la esclavitud satánica.

Para estudio en grupo

* Comparta una experiencia cuando estaba bajo un ataque de Satanás y clamó pidiendo la ayuda de Dios. ¿Qué pasó?
* En su opinión, ¿por qué las personas ignoran el reino demoníaco?
* ¿Cómo le ha ayudado esta lección para ver la vida devocional como un lugar donde trabar en una guerra espiritual?

Quince

LA LLENURA DEL ESPÍRITU

Compramos nuestra primera casa sin haberla visto antes. En realidad estábamos a casi 6,000 kilómetros en Quito, Ecuador, cuando se cerró la plica. En el camino para verla por primera vez, mi esposa se quedó pensando en lo que habíamos hecho. Todo lo que podíamos ver a lo largo de la Autopista 91 era un desierto seco y rocoso rodeado por la neblina y humo de Los Ángeles. No era en absoluto el panorama más bonito.

Mi esposa, Celyce, es de Mariposa, California - un lugar lleno de colinas verdes, árboles y aire fresco. Encogiéndose por dentro, ella suspiró con una de esas oraciones: «Señor, no se haga mi voluntad, sino la tuya.»

Sin embargo, mientras nuestro vehículo subía la colina hacia nuestra nueva casa en el Moreno Valley, todo cambió. Céspedes verdes. Amplitud de espacio. Un lago. Además podíamos ver las montañas, algo no siempre posible en el sur de California.

Viviendo en nuestra casa nos refresca diariamente. El cinturón verde detrás de nosotros está lleno de árboles, flores y un césped verde ondulado, escondiendo el hecho que estamos rodeados

155

por un desierto seco. Mientras disfrutamos de toda la belleza que nos rodea, nos sentimos renovados como para enfrentar el yermo rocoso y el aire con niebla y humo más abajo. El mundo alrededor de nosotros también es un desierto espiritual seco. Pesar. Sueños rotos. Desánimo. Sin renovarnos, pronto nos deshidrataremos. Desesperadamente tenemos que encontrar un oasis.

Refrésquese con el agua viva

Jesús dijo: «"Si alguien tiene sed, venga a mí y beba. El que cree en mí, como dice la Escritura, de su interior brotarán ríos de agua viva." Esto dijo del Espíritu que habían de recibir los que creyeran en él» (Juan 7:37-39). Tres principios se destacan de estos versos:

- Se identifica el agua viva con la recepción del Espíritu Santo.
- Necesitamos el agua viva de Dios para apagar nuestra sed y refrescarnos.
- Jesús nos invita a venir para llenarnos.

El tiempo ideal para recibir esta agua viva es en nuestro tiempo devocional diario. Durante este tiempo podemos entrar en la comunión con nuestro Padre celestial, confesando los pecados conocidos y escuchando Su voz. También es un tiempo muy bueno para pedirle a Jesús que nos llene de Su Espíritu Santo.

Con una invitación tan clara de Jesucristo mismo, no hay ninguna razón para estar sedientos en la vida cristiana. Si venimos diariamente pidiéndole que nos llene del Espíritu Santo, nuestras almas estarán satisfechas y estaremos capacitados para enfrentar el desierto seco alrededor de nosotros.

Llenos todo el tiempo

Pablo nos dice en Efesios 5:18: «No os embriaguéis con vino, en lo cual hay disolución; antes bien sed llenos del Espíritu.» En el griego original, la frase *«sed llenos»* tal como se encuentra aquí es un verbo en el tiempo presente. Pablo podría haber usado el tiempo pasado o un tiempo verbal futuro para dar a entender una llenura de una sola vez; en cambio, él escogió el tiempo presente para indicar que la llenura del Espíritu Santo no es un evento de una sola vez sino una experiencia incesante.

En 1973, varios meses después de mi conversión, experimenté un momento de estar lleno del Espíritu Santo. En ese momento, recibí la capacidad para testificar y fui ungido de una manera nueva. Desarrollé un hambre profundo por la Palabra de Dios. Para describir mi experiencia, algunos podrían usar el término *bautismo*; otros usarían la palabra *llenura*. Para mí realmente no es importante qué término se usa. Más importante que la terminología es el hecho que una sola experiencia no era suficiente. Encontré que continuamente precisaba nuevas llenuras del Espíritu Santo y renovadas unciones.

Incluso los apóstoles necesitaban nuevas llenuras del Espíritu Santo. Se podría pensar que después de que las lenguas de fuego cayeron sobre ellos y fueron bautizados en el Espíritu (Hechos 2), ellos habrían estado llenos para toda la vida. Pero no era suficiente. Después del episodio de las lenguas de fuego, vemos a estos mismos apóstoles recibiendo una nueva llenura del Espíritu Santo:

Ellos, al oírlo, alzaron unánimes la voz a Dios y dijeron: «Soberano Señor, tú eres el Dios que hiciste el cielo y la tierra, el mar y todo lo que en ellos hay;... mientras extiendes tu mano para que se hagan sanidades, señales y prodigios mediante el nombre de tu santo Hijo Jesús». Cuando terminaron de orar, el lugar en que estaban con-

gregados tembló; y todos fueron llenos del Espíritu
Santo y hablaban con valentía la palabra de Dios.

Hechos 4:24; 30-31

¡Si los apóstoles necesitaban ser llenos continuamente,
cuánto más nosotros necesitamos más del Espíritu Santo! Jim
Cymbala dice:

Yo soy bien consciente que los cristianos discrepan hoy
si la llenura (el bautismo, poder) del Espíritu es parte del
«paquete» de la salvación o una experiencia aparte y sub-
siguiente. Se desarrollan largas e intensas discusiones
sobre eso. Cualquier cosa que usted o yo creamos,
admitamos que este pasaje muestra a unos cristianos de
buena fe experimentando una nueva llenura. Los apóstoles no dijeron que ya tenían todo lo que necesitaban.
Ahora que estaban siendo atacados, recibieron un nuevo
poder, un nuevo denuedo, un nuevo fuego del Espíritu
Santo.[1]

Recargue sus baterías

Nosotros somos como un pasa-cassette que usa baterías recargables.
Después de un rato, se vuelve difícil escuchar la cinta porque las baterías
necesitan ser recargadas. Debemos poner las baterías en un cargador y
cargarlos por algunas horas. Después de cargar las baterías se vuelven a
poner en el pasa-cassette, y nuevamente se pueden escuchar
perfectamente las voces en la cinta.

Nuestras propias vidas necesitan ser recargadas a diario con la
llenura del Espíritu. La recarga se realiza en nuestro tiempo devocional.
Después podemos oír la voz de Dios y recibir Su guía más claramente.
Sin esta llenura diaria, es más difícil de oír Su voz y recibir Su guía.

Dos pasos simples para estar lleno con el Espíritu

- Confiese todo pecado conocido. David dice: «Si en mi corazón hubiera yo mirado a la maldad, el Señor no me habría escuchado.» (Salmo 66:18).
- Pida la llenura del Espíritu Santo. Jesús dice: «Pedid, y se os dará; buscad, y hallaréis; llamad, y se os abrirá.» (Mateo 7:7).

Dejemos de discutir sobre la terminología y humillémonos en el punto de nuestra necesidad – la llenura diaria y continua del Espíritu Santo. Los recuerdos de un Pentecostés anterior no será suficiente. Necesitamos el viento fresco y el fuego del Espíritu Santo todos los días.

Durante nuestros tiempos devocionales Dios nos invita a pedir una nueva llenura del Espíritu Santo. Jesús dijo: «Pues si vosotros, siendo malos, sabéis dar buenas dádivas a vuestros hijos, ¿cuánto más vuestro Padre celestial dará el Espíritu Santo a los que se lo pidan?» (Lucas 11:13). Jesús está diciéndonos que nuestro Padre celestial desea derramar Su Espíritu sobre nosotros. Todo lo que tenemos que hacer es pedirlo.

En un capítulo anterior yo hablaba de la importancia de restaurar una relación correcta con Dios por medio de la confesión. En primer lugar usted debe pedirle a Dios que lo limpie de su pecado. Después, si usted le pide que lo llene de Su Espíritu, puede estar seguro que lo hará.

Dios podría llenarlo en un atestado autobús, en una mesa de desayuno rodeado de varios niños charlando, en un aula o dondequiera que usted pueda estar. La mayor parte del tiempo, sin embargo, Él escoge llenarlo cuando usted ha abierto su corazón a Su Palabra, lo buscó y reconoció su pecado. Como resultado de pasar tiempo con Él, usted se sentirá renovado como para enfrentar el desierto seco alrededor de usted.

Todo tiene que ver con el control

D. L. Moody, el famoso predicador del siglo XIX, debía dirigir una cruzada en cierta ciudad. En una reunión de ministros un hombre joven se levantó y preguntó: «Y por qué tenemos que tener a D. L. Moody? Después de todo, ¿él tiene el monopolio del Espíritu Santo?» Después de una pausa de silencio un pastor piadoso se puso de pie y le contestó: «Jovencito, el Sr. Moody no puede tener el monopolio del Espíritu Santo, pero los que lo conocemos reconocemos que el Espíritu Santo tiene el monopolio sobre él.»2

Dios está buscando hombres y mujeres que desean sobre todas las cosas ser controlados, dominados y monopolizados por el Espíritu Santo. El problema del control es lo que Pablo tenía en la mente cuando dijo: «No os embriaguéis con vino, en lo cual hay disolución; antes bien sed llenos del Espíritu.» (Efesios 5:18).

La comparación entre el alcohol y el Espíritu de Dios tiene que ver totalmente con el control. Pocas personas beben alcohol sólo porque el alcohol sabe bien; más bien, les gusta ser controlados por él. Hace que ellos se pierdan en un estado de felicidad y éxtasis. Sienten que el alcohol hace que sus palabras fluyan más fácilmente y que puedan relacionarse más fácilmente con otros.

El Espíritu Santo también controla. La diferencia entre su control y el del alcohol no es la actividad sino la esencia. El alcohol es un ingrediente, una sustancia, una cosa. El Espíritu Santo, por el contrario, es una Persona.3 El Espíritu Santo es Dios, la tercera persona de la Trinidad. Y como una Persona Él quiere controlarnos, si se lo permitimos.

El tiempo devocional es la atmósfera adecuada para que el Espíritu Santo controle nuestras vidas. Cuando buscamos Su rostro, preparamos nuestros corazones y le pedimos que tome control de nosotros, Él responderá. Al igual que D. L. Moody, el Espíritu Santo quiere tener un monopolio sobre usted.

En este capítulo he cubierto tres aspectos del Espíritu Santo: la recepción del agua viva, estar continuamente llenos y el control del Espíritu Santo sobre nuestras vidas. No enfrente el yermo espiritual alrededor de usted sin un toque fresco del Espíritu Santo. Él desea refrescarlo, llenarlo y controlarlo hoy.

Resumen del capítulo

* Dios quiere refrescarnos con Su Agua viva en nuestro tiempo devocional.
* Debemos estar llenos continuamente del Espíritu Santo.
* El Espíritu Santo, la tercera persona de la Trinidad, quiere controlar nuestras vidas.
* El tiempo devocional es el mejor momento para recibir la llenura de Dios. Después, podemos ser controlados por Él por el resto del día.

Pasos prácticos

* Exprese su deseo de ser controlado por el Espíritu de Dios.
a. Confiese su pecado a Dios.
b. Pídale a Dios que lo llene de Su Espíritu Santo.
* Repita este proceso diariamente en su tiempo devocional.

Para el estudio en grupo

* Comparta con el grupo cómo usted sabe que está lleno del Espíritu. Cuente una experiencia especial con el Espíritu Santo cuando usted se dio cuenta de que Él lo llenó y empezó a controlar su vida.
* Si usted no está seguro que haya sido llenado con el Espíritu Santo, pida al grupo que ore con usted para ser lleno del Espíritu.

EL AYUNO

Estábamos desesperados. Pensábamos que Dios nos había llamado a una vida de servicio en África. Ya habíamos dedicado mucho tiempo y preparación para ir a África, y ahora de repente el candidato a director de la Alianza Cristiana y Misionera nos estaba pidiendo que consideráramos América del Sur.

Él me desafió con el hecho que con treinta y dos años de edad, sería muy difícil para mí aprender los dos idiomas requeridos de Guinea, África Oriental. ¿Pero América del Sur? Eso no estaba en nuestros planes. «Señor, tú estás en esto?», le pregunté.

Nos sentíamos aplastados por el consejo de nuestro director pero nos comprometimos a orar sobre este asunto. Después de todo, él era el jefe. Averiguamos sobre varios países latinoamericanos en una guía mundial de oración, y notamos que Ecuador estaba particularmente necesitada con una población de sólo 3.5 por ciento de evangélicos. Sin embargo, todavía no estábamos seguros.

Yo extendí mi tiempo devocional, y también tomé la decisión de ayunar para obtener una respuesta de Dios. Al segundo día de estar ayunando, recibimos una carta inesperada de un misionero en Ecuador. Este misionero no sabía nada de nuestra situación. No habíamos estado en contacto con él por dos años. Con fecha 24 de marzo de 1988, esto es lo que decía:

¿Todavía estás pensando en ir a África para la obra misionera? Está perfectamente bien si es así... Pero sinceramente, yo pienso que debes averiguar lo que Dios te dice cuando le preguntas específicamente por Ecuador. Tenemos tantas oportunidades aquí con varias iglesias muy activas. Con tu experiencia, marcharías bien en un ministerio de equipo en la ciudad que tú elijas. Nunca querría influenciarte en una modo u otro, pero me agradaría mucho si el buen Señor te dirigiera hacia aquí.

«Dios, eres tan imponente», yo susurré.

Dios no siempre irrumpe con relámpagos y truenos, pero es maravilloso cuando lo hace.

Vimos en un capítulo anterior cómo el tiempo devocional de Daniel era la clave para su éxito. Pero Daniel también recargó su tiempo personal con Dios por medio del ayuno. Leemos lo siguiente:

En el primer año de Darío... yo, Daniel, miré atentamente en los libros..., que habían de cumplirse las desolaciones de Jerusalén: setenta años. Volví mi rostro a Dios, el Señor, buscándolo en oración y ruego, en ayuno, ropas ásperas y ceniza.

Daniel 9:1–3

La Motivación para Ayunar

Cuando ayunéis, no pongáis cara triste, como los hipócritas que desfiguran sus rostros para mostrar a los hombres que ayunan; de cierto os digo que ya tienen su recompensa. Pero tú, cuando ayunes, unge tu cabeza y lava tu rostro, para no mostrar a los hombres que ayunas, sino a tu Padre que está en secreto; y tu Padre, que ve en lo secreto, te recompensará en público.

Mateo 6:16–18

En otra ocasión Daniel dice: «En aquellos días yo, Daniel, estuve afligido por espacio de tres semanas. No comí manjar delicado, ni entró en mi boca carne ni vino, ni me ungí con perfume, hasta que se cumplieron las tres semanas» (Daniel 10:2-3). En ambas ocasiones, Dios contestó de una manera milagrosa.

El ayuno y el tiempo devocional no están vinculados el uno con el otro necesariamente. Nadie va a ayunar todos los días en su tiempo devocional. Sin embargo, porque la meta del tiempo devocional es de conocer a Dios y el propósito principal de ayunar es reforzar nuestra sensibilidad espiritual a Dios, en ciertas ocasiones usted querrá recargar su tiempo devocional por medio de la disciplina del ayuno.

El ABC del Ayuno

Dicho en forma sencilla, ayunar significa evitar de comer todos o ciertos tipos de comida con el propósito de concentrarse en Dios. Se podría saltear una comida o varias comidas. Aunque es más común el ayuno durante un día, algunos ayunan por mayor espacio de tiempo.

Ayuno Completo	Ayuno Normal	Ayuno Parcial	Ayuno en Grupo
• Abstinencia de comer alimentos y bebidas.	• Abstinencia de todas las comidas y bebidas con excepción del agua.	• Una dieta restringida en lugar de una abstinencia completa de alimentos.	• El ayuno colectivo de un grupo. Todo el pueblo de Dios se reúne para orar por una necesidad particular.
• El ejemplo de Moisés Deuteronomio 9:9; Éxodo 34:28. • Otros ejemplos: Ester 4:16; Hechos 9:9.	• El ejemplo de Jesús en el desierto (Mateo 4:1-4). Jesús probablemente se abstuvo de la comida pero no de la bebida porque tuvo hambre pero no sed. El diablo lo tentó con la comida en lugar de con la bebida.	• El ejemplo del ayuno parcial de Daniel (Daniel 9:3; 10:3)	• Otros ejemplos: Joel 1:14; 2:15; Ester 4:16

Aunque hay varias clases de ayunos, el más común es abstenerse de la comida, pero no la bebida, por un cierto período de tiempo. El agua es el líquido básico, pero algunas personas beben café, té o jugos de fruta. Aquí hay una lista más completa de los ayunos de la Biblia:

Podrían existir muchas razones para realizar un ayuno. Una de las motivaciones claves para ayunar es esa abnegación que nos acerca más a Dios. El ayuno nos ayuda para concentrarnos en Dios, aumenta nuestra victoria sobre Satanás, podemos orar más fervorosamente y superar nuestras ataduras personales. Mike Bickle dice:

Al ayuno nos permite ver cosas espirituales que normalmente no podríamos ver. El aumento no sucederá de la noche a la mañana. Es más, podría no suceder nada siquiera durante los primeros meses, pero nuestro nivel de intimidad con el Señor crecerá al pasar los años y

tiempos... El ayuno aumenta la ternura de nuestros corazones quitando nuestro espíritu de torpeza e insensibi-
lidad de nosotros para que sintamos la presencia de Dios
y Su amor con más discernimiento. Yo enfatizo la palabra sentir porque, aunque los sentimientos no son
nuestra primera preocupación, sí hacen que la vida sea
mucho más rica e incluso hacen que las circunstancias
difíciles sean más fáciles para manejar... Su compromiso
e intensidad espirituales también crecerán como resultado del ayuno.[1]

Otra razón para ayunar es para pedir a Dios a favor de
otra persona. Cuando Amán influyó en el Rey Jerjes para
matar a los judíos sobre la tierra, Mardoqueo le pidió a
Ester que intercediera a favor de los judíos. Ester contestó
a Mardoqueo:

Ve y reúne a todos los judíos que se hallan en Susa,
ayunad por mí y no comáis ni bebáis durante tres días y
tres noches. También yo y mis doncellas ayunaremos, y

Otras razones bíblicas para ayunar

- Para recibir la iluminación y la sabiduría de Dios (Daniel 9:2, 3, 21, 22,; 10:1-14).
- Para superar el pecado (Isaías 58:6).
- Para declarar que Dios es la prioridad de nuestras vidas (Mateo 4:4).
- Para aumentar la santidad personal (Salmo 69:10).
- Para tener la victoria sobre Satanás (Marcos 9:29)

entonces entraré para ver al rey, aunque no sea conforme a la ley; y si perezco, que perezca. (Ester 4:16).

Sabemos que Dios oyó los clamores de Ester y de los judíos y respondió de una manera milagrosa.

Y como ya he dicho previamente, otro gran beneficio del ayuno es para recibir la guía de Dios. A menudo ayunamos porque necesitamos Su guía. Los apóstoles esperaron delante del Señor en oración y ayuno hasta que el Espíritu Santo les dijo: «Apartadme a Bernabé y a Saulo para la obra a que los he llamado» (Hechos 13:2). Cuando ayunamos y oramos nos ponemos más sensibles a Su guía.

Cuando ayunamos entramos en la presencia del Dios vivo de una manera más profunda y personal. El ayuno nos ayuda a oír la voz de Dios porque nos volvemos más sensibles a Él. Quita las telarañas de nuestro cerebro y nos ayuda para ver con los ojos espirituales.

El derecho de la salida

Mientras se prepara para ayunar, siempre es bueno verificar con su doctor, sobre todo para los que tienen historias médicas difíciles. Algunas personas no pueden ayunar debido a su diabetes o hipoglucemia. Susana, una amiga mía, lamenta que ella no puede ayunar. Si ella saltea una sola comida, se desmaya debido a su condición hipoglicémica.

También es aconsejable empezar poco a poco. Empiece a ayunar salteando una comida. Después ayune por dos comidas. Finalmente haga la prueba de ayunar durante veinticuatro horas. Siéntase en libertad de beber jugos de fruta frescos.

Después posiblemente querrá probar de ayunar durante dos o tres días. Mi retiro de oración y ayuno de tres días me ha ayudado tremendamente cuando reflexiono sobre el año anterior y hago planes para el futuro. Ésta es una idea que tomé prestado de otros siervos de Dios que tienen esta práctica. Posiblemente usted querrá hacer algo parecido. Bill Bright ofrece varias pautas que son útiles para empezar el ayuno.[2]

- Establezca su objetivo (por ejemplo, renovación espiritual, guía, sanidad).
- Haga su compromiso (por ejemplo, tipo de ayuno).
- Prepárese espiritualmente (por ejemplo, confiese el pecado, reciba la llenura del Espíritu).
- Prepárese físicamente (por ejemplo, consulte a su médico si tiene reservas).
- Ponga un horario (para aprovechar al máximo su tiempo delante de Dios).
- Finalice su ayuno gradualmente.
- Espere resultados.

Algunas personas están tan entusiasmadas por los beneficios del ayuno que lo hacen todas las semanas. Usted podría hacer lo mismo.

Ya sea todas las semanas o de vez en cuando, el ayuno es una herramienta poderosa que fortalecerá su relación con Dios y reforzará su tiempo devocional.

Resumen del capítulo

- La esencia del ayuno es abstenerse de la comida para estar más sensible a Dios y a Su guía.

- Es mejor empezar poco a poco (ayunando una o dos comidas) y finalmente prolongando el tiempo (ayunando de uno a tres días).

Pasos prácticos

- Saltee una comida en la próxima semana con el propósito de buscar a Dios.

- Aumente su ayuno a dos comidas y después a tres comidas. Asegúrese que usted se ha concentrado en ese tiempo para buscar a Dios.

Para el estudio en grupo

- Comparta con el grupo las clases de ayuno que usted haya realizado.

- Haga planes para ayunar antes de la siguiente reunión y comparta su experiencia con el grupo cuando se vuelvan a reunir.

GUARDE UN DIARIO

En medio de una prueba desgarradora de alguna clase, quizás una enfermedad o una rebelión en el reino, David escribe:

Ten misericordia de mí, Jehová, porque estoy enfermo; sáname, Jehová, porque mis huesos se estremecen. Mi alma también está muy turbada; y tú, Jehová, ¿hasta cuándo? Vuélvete, Jehová, libra mi alma. ¡Sálvame por tu misericordia!, porque en la muerte no hay memoria de ti; en el seol, ¿quién te alabará? Me he consumido a fuerza de gemir; todas las noches inundo de llanto mi lecho, riego mi cama con mis lágrimas. Mis ojos están gastados de sufrir; se han envejecido a causa de todos mis angustiadores. (Salmo 6:2-7).

David encontró consuelo al escribir sus pensamientos en un rollo. El libro de los Salmos, de hecho, es el diario de David. Aunque otros contribuyeron, David escribió la mayor parte.

Guardar un diario es anotar nuestros pensamientos, revelaciones de Dios, la aplicación de la verdad bíblica, informes de alabanza, relatos de nuestras luchas y cualquier otra cosa que sentimos que sea importante de anotar. El tiempo devocional es el tiempo perfecto para escribir dicho diario. Quizá sienta el impulso de escribir de su última desilusión, promoción, conflicto o victoria. Aquí transcribo una entrada en uno de mis diarios del 8 de febrero de 1997:

Qué lucha hoy. Estaba teniendo un gran devocional y buscando realmente a Jesús. De repente sonó el teléfono. Fulano estaba en el teléfono, y sólo quería hablar. Cincuenta minutos después, atribulado y frustrado, colgué el teléfono. Sentía que no me había escuchado, como que realmente no había tenido una conversación, y peor todavía, intenté usar el tiempo para exhortarlo para que tratara mejor a la otra persona y él parecía resistirse a mis esfuerzos. Al final, no había ningún acuerdo y terminé colgando el teléfono totalmente frustrado.

Señor, yo oro para que nuestra conversación tumultuosa no afecte nuestra relación.

Sólo unos minutos después llamó Kevin Strong. Señor, tú pones a menudo lo glorioso junto a lo difícil. Kevin compartió mucho sobre su enfermedad y lo que ha estado pasando en su vida. Yo fui más reservado. Es posible que él haya notado eso. Quiero esperar hasta que realmente hablemos juntos antes de que yo realmente comparta más de mi corazón. Gracias, Señor. Bueno, ahora simplemente estoy intentando sobreponerme. Ha sido un día frustrante. Señor, tú lo sabes.

Yo escribo en mi diario por varias razones: visión, victorias, derrotas, lecciones aprendidas, para nombrar algunos. Mi única regla es una interior: Escribo cuando siento la necesidad de hacerlo. No tengo ninguna otra fórmula. No trato de escribir mucho o poco - simplemente cuando siento que necesito hacerlo. Durante años he descubierto que normalmente tiendo a escribir en el diario cuando atravieso una prueba profunda o paso por un tiempo de confusión con respecto a la voluntad de Dios en mi propia vida.

Razones para tener un diario

Para encontrar consuelo en tiempos de prueba. Cuando todo está marchando bien y de forma normal, no siento la necesidad de escribir. Es durante los tiempos de conflicto o derrota o cuando estoy en el piso y mirando para arriba, que mi diario ofrece consuelo.

He tenido que tener presente este hecho al repasar mi diario del último año. Soy más propenso a escribir acerca de una pelea con mi esposa y no tanto de todas las tardes pacíficas con ella. ¿Por qué? Porque el conflicto era un tiempo intenso cuando yo sentía la necesidad de clamar a Dios y hallar Su sabiduría. El bálsamo clarificador de mi diario me ayudaba a superar el problema.

Para aclarar nuestras propias ideas. Cuando escribimos nuestros pensamientos somos ayudados para ver las cosas desde más de un punto de vista. Las vagas impresiones o los pensamientos confusos empiezan a desenredarse cuando las escribimos. En algunos casos comprendemos que tenemos conocimientos que no sabíamos que las teníamos.

Para reflexionar sobre lo que Dios ha hecho en nuestras vidas. Durante mi tiempo devocional, de vez en cuando abro mi diario para mirar las páginas de algunas entradas en el pasado. Mientras estoy leyendo, recuerdo situaciones pasadas - conflictos, victorias o anhelos. A menudo me encuentro pen-

Varias razones para tener un diario

- Para expresar sus pensamientos y sentimientos.
- Para hallar un refugio en tiempos de necesidad.
- Para aclarar sus ideas en tiempos difíciles.
- Para reflexionar después en lo que Dios ha hecho en su vida.

sando: *¡Uau! El tiempo ha pasado tan rápido. Estoy tan agradecido por la obra de Dios en mi vida. Nunca me ha decepcionado.*

Pronto, su diario llegará a ser un refugio. Usted se hallará escribiendo durante los tiempos de dolor, dificultades, confusión o alegría. Después de un tiempo, este registro escrito se volverá una fuente de estímulo cuando se verifican las promesas de Dios o terminan finalmente las luchas. Le gustará mirar atrás para ver lo que Dios ha logrado en su vida.

Crezca por medio de la escritura y revisión

Yo considero la costumbre de tener un diario y repasar mis ideas como una parte del ejercicio espiritual del tiempo devocional, no como algo «extra» Yo escribo y repaso mi diario por lo menos de tres maneras diferentes.

Al azar durante mi tiempo devocional. Yo no escribo en mi diario en cada tiempo devocional - sólo cuando siento el impulso. Tampoco repaso las entradas de los diarios anteriores todos los días. Cuando me siento guiado a repasar mi diario, por ejemplo, elijo uno de mis archivos de diario que tengo numerados en forma consecutiva (por ejemplo, diario1, diario2, etc.), y lo repaso.

Aproximadamente cada siete días. Todas las semanas escribo un resumen de lo que pasó día por día durante la última semana. Después anoto algunas metas para la siguiente semana. Este proceso de escritura generalmente me toma veinte minutos. Escribo rápidamente sin darle mucha importancia. Esta práctica me ayuda a aclarar las lecciones que he aprendido durante la semana, para ver en perspectiva las pruebas por las que estoy atravesando y para ver la fidelidad de Dios en mi vida. Quiero recordar los temas que Dios me ha enseñado. Sabiendo lo que ha pasado en el pasado me ayuda a proyectarme en el futuro.

Una revisión anual de las entradas del diario del último año. Yo repaso todo mi diario anualmente durante un retiro de dos o tres días para la oración personal y retiro para la planificación.[1] Después hago un resumen de cada mes en mi diario. A continuación descubro y anoto los temas de cada mes. Empiezo a notar las lecciones específicas que Dios me ha enseñado durante esos meses. A veces veo que se repite un tema similar por un período de dos o tres meses. Después de meditar en cada resumen mensual, intento descubrir lo que Dios me ha mostrado a lo largo del año.

La razón por qué este proceso me emociona es porque no quiero repetir los mismos errores del año anterior. Quiero aprender de ellos. Al meditar en el año anterior también me ayuda a planificar más eficazmente durante el siguiente año. Puedo ver los modelos de la obra de Dios en mi vida que me ayuda a discernir la guía de Dios para el futuro.

Algunas razones para repasar su diario

- Para aprender de sus errores.
- Para descubrir lo que Dios ha estado haciendo en su vida.
- Para prepararlo bien para el futuro.

No es necesario que usted escriba y revise su diario de este modo. Si alguno de estos principios le sirven, es maravilloso; de lo contrario, algún otro método podría servirle mejor. Lo más importante es que usted pueda expresarse al Dios vivo por medio de la escritura en su diario.

Puntos prácticos

Mantenga el secreto y la privacidad. No escribirá con el mismo fervor a menos que sepa que lo que usted escribe es suyo y sólo suyo. Su diario es entre usted y el Dios vivo. Él ve lo que usted ha escrito: sus heridas, temores, lágrimas y gemidos. El ejercicio de escribir es para profundizar su transparencia ante el Todopoderoso.

Dirija sus pensamientos a Dios. Su diario debe ser dirigido al Dios triuno. Esto no significa que tiene que utilizar el nombre de Dios en todas las páginas; simplemente recuerde que está expresando sus pensamientos, sentimientos, temores, esperanzas y peticiones de oración a Dios.

Utilice una computadora. Si esto fuera posible, es una buena idea usar una computadora para escribir su diario. Hace muchos años yo escribía mi diario con un lápiz o lapicera. Quizás la ventaja era la flexibilidad de poder llevar mi diario a todas partes. Sin embargo, es mucho más difícil escribir rápidamente en un diario encuadernado y mucho más difícil de guardar. (Además, si tiene planes de hacer un diario durante toda su vida, recuerde que los diarios encuadernados tienden a desvanecerse.) Yo ahora archivo todos mis diarios en una carpeta llamada "Diario." De esta manera, puedo abrir rápidamente cualquier archivo en esa carpeta para volver atrás para ver la bondad de Dios y Su misericordia en mi propia vida.

Concedido, si decide hacer su diario en la computadora, debe tomar muchas precauciones de hacer copias de respaldos de todas las entradas de diario en la computadora. Todos los dispositivos (unidades de disco duro extraíbles, CD regrabables) son relativamente baratos. Posiblemente también podría querer hacer una copia impresa para estar segura. También recomiendo que esconda por lo menos uno de sus respaldos para protección en caso de robo.

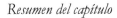

Resumen del capítulo

• Cuando escribimos los pensamientos en el papel se clarifican nuestras ideas.

• El propósito de un diario es para registrar y expresar nuestros pensamientos a Dios y después reflexionar sobre la manera cómo Dios ha obrado en nuestras vidas.

Pasos prácticos

• Si usted no tiene un diario, empiece ahora a registrar sus sentimientos sobre el papel. Dirija sus pensamientos a Dios.

• Escriba durante unos minutos todos los días de esta semana y repase su diario al final de la semana.

Para el estudio en grupo

• Comparta cómo el diario le ha ayudado en su propia vida.

• Si todavía no tiene un diario, ¿piensa que necesita uno? ¿Por qué sí o por qué no?

Eighteen

ADIÓS, ADIÓS, DULCE HORA DE ORACIÓN

Era una pelota de béisbol de un millón de dólares. Tim Forneris, un cuidador del campo que trabajaba en las gradas de la izquierda del campo, lo agarró. La policía estaba cerca para proteger a quienquiera lo encontrara. Los informes que se publicaron decían que la pelota podría valer tanto como dos millones de dólares para los coleccionistas.

¿Por qué era tan especial esta pelota de béisbol? Mark McGwire lo había pegado. En su 'home-run' sesenta y dos, McGwire volteó el récord de 'home-run' que mantenía Roger Maris de treinta y siete años de edad. Babe Ruth había mantenido el récord previamente durante treinta y cuatro años.

«Era una dulce, dulce corrida alrededor de las bases», dijo McGwire después del juego. «Le diré que durante la última semana y media mi estómago ha estado retorciéndose, mi corazón ha estado latiendo un millón de millas por minuto.»

Mark McGwire, como todos nosotros, empezó desde abajo. Él no llegó a ser un rey de los "home-run" de la noche a la mañana. Él empezó su entrenamiento en la Liga Menor donde aprendió a golpear con el palo y a recorrer las bases. Pero mientras perseveraba y seguía los principios ya comprobados por muchos años, McGwire finalmente obtuvo setenta "home-runs" en un solo período y así rompió el récord más acariciado del béisbol.

Para desarrollar un tiempo devocional dinámico, se debe empezar en las ligas menores. Establezca un tiempo específico, encuentre un lugar y sea consistente. Se tendrá que enfrentar con esas noches oscuras del alma cuando querrá abandonar, pero no se rinda.

Al seguir adelante, la Palabra de Dios llegará a ser su deleite. Tendrá respuestas a sus oraciones y la guía sobrenatural mientras escucha la voz de Dios. Su diario ensanchará la perspectiva de su vida. Es más, todo lo que haga prosperará.

Alguien ha dicho que un viaje de mil kilómetros empieza con un solo paso.

En poco tiempo su tiempo devocional será en Su presencia. Cuando parta de esta vida a la venidera, con ansias recordará las palabras de William H. Bradbury:

Este manto de carne
Dejaré caer, y me levantaré
Para asir el premio eterno
Y clamar, pasando por los aires:
Adiós, Adiós, dulce hora de oración.

Usted verá a Aquel que ha estado preparando un lugar para usted. Ya no tendrá necesidad de «(cerrar) la puerta» de su cuarto privado (Mateo 6:6). En lugar de mirar en un espejo borroso aquí en la tierra, le verá cara a cara (1 Corintios 13:12). La intimidad desarrollada ahora le preparará para su cita eterna con el Rey.

UNA GRAN NUBE
DE TESTIGOS

Los que cambiaron el curso de la historia dieron prioridad a su tiempo con Dios como el evento más importante del día. Leroy Eims dijo:

Las personas que han sido usadas por Dios son los que se han encontrado con Dios diariamente. Ellos han ordenado sus vidas de tal modo que han encontrado tiempo para orar y leer la Palabra de Dios. Muy a menudo lo hacen temprano en la mañana antes que lleguen las presiones del trabajo, antes que empiece a sonar el teléfono y antes que tengan que atender a las demandas del día.[1]

Se dieron cuenta que el éxito en la vida requería una absoluta dependencia en Dios. A continuación hay algunos ejemplos de personas que cambiaron el curso de la historia. Obviamente, hay muchos más que podrían ser incluidos

- Martín Lutero declaró: «Tengo tantos asuntos que no puedo seguir sin pasar tres horas diariamente en oración.»[2]

- Jorge Mueller, el famoso hombre de fe, no sólo desarrolló su propio tiempo devocional personal, sino que también les pidió a todos los obreros en su orfanatorio que pasaran una hora en oración *durante las horas normales de trabajo*. Mueller sabía que él obtendría mucho más de sus obreros si ellos estaban pasando tiempo con el Maestro.

- Juan Montt, el líder del movimiento de las misiones modernas en el siglo XX, dijo: «Después de recibir a Jesucristo como Salvador y Señor y reclamar por fe la llenura del Espíritu de Dios, no conozco ninguna otra disciplina que produzca más bendición espiritual que pasar un tiempo devocional todos los días de por lo menos media hora con el Dios vivo.»[3]

- Catherine Martin, fundadora y presidente de Ministerios del Tiempo Devocional (Quiet Time Ministries) y autora de La Peregrinación del Corazón y Enriqueciendo Su Libreta del Tiempo Devocional, ha dedicado su vida para ayudar a otros a disfrutar de Dios más íntimamente en el tiempo devocional.

- A. B. Simpson, el fundador de la Alianza Cristiana y Misionera, dijo: «No soy nada si no paso un tiempo a solas con Dios.»[4]

- David Yonggi Cho, el pastor de la iglesia más grande en la historia del cristianismo, despierta todas las mañanas para tener comunión con el Dios vivo. Él cree que la razón por la cual su iglesia ha crecido tanto es un resultado de su tiempo devocional.

• Bruce Wilkinson, el autor de *La Oración de Jabes*, descubrió que había perdido un tanto su satisfacción con Jesús y estaba pasando más tiempo en el ministerio. Él escribe: «Me comprometí a tres cosas sencillas con el Señor para el siguiente año.

1. Me levanta a las 5 de la mañana todos los días para leer mi Biblia;
2. Escribiría una página completa en un diario de mi vida devocional y
3. Aprendería a orar y a buscarlo hasta que lo encontrara a Él.»[5]

El escritor de Hebreos describe a los que corren la carrera a la luz de los que han corrido antes que nosotros: «Por tanto, nosotros también, teniendo en derredor nuestro tan grande nube de testigos, despojémonos de todo peso y del pecado que nos asedia, y corramos con paciencia la carrera que tenemos por delante» (Hebreos 12:1).

Los hombres y las mujeres que han impactado al mundo fueron primero impactados por Dios. Ellos pagaron el precio en lo secreto y Dios premió poderosamente sus vidas. Por su ejemplo, se nos recuerda que «Sin fe es imposible agradar a Dios, porque es necesario que el que se acerca a Dios crea que él existe y que recompensa a los que lo buscan» (Hebreos 11:6).

NOTAS

Capítulo 1

1. A. W. Tozer, La Búsqueda de Dios (Harrisburg, Pa.: Publicaciones Cristianas, Editorial Alianza), pág. 11.

2. Según lo cita Woodrow Michael Kroll, «Temprano por la Mañana» (Early in the Morning) (Neptune, N.J.: Hermanos Loizeaux, 1990), 35.

3. Henry T. Blackaby y Claude V. King, Mi Experiencia con Dios (Nashville: Broadman & Holman, 1994), 80.

4. James Lardner, «La clase Mundial de los Adictos al Trabajo» (World-class Workaholics) Noticias norteamericanas y el Informe Mundial (20 de diciembre de 1999).

5. «Estudio: Los Norteamericanos Trabajan Más Horas», Infobeat Coffee Edition (7 de setiembre de 1999), noticias del correo electrónico. El informe estaba basado en las cifras cubriendo los años 1980-1997. Como promedio, los obreros norteamericanos estaban 1,966 horas en el trabajo en el año más próximo, decía el estudio. En 1980, el promedio era 1,883 horas.

6. Pablo Cedar, Una Vida de Oración (Nashville: Word, 1998), 78.

Capítulo 2

1. Cecil Murphey, El Ejercicio de la Oración (Waco, Tex.: Word, 1979), 30-32.

2. Frank C. Laubach, Los Cauces del Poder Espiritual (Los Ángeles: Fleming H. Revell, 1954), 95.

3. Henry T. Blackaby y Claude V. King, Mi Experiencia con Dios (Nashville: Broadman & Holman, 1994), 2.

4. Citado en Bruce Wilkinson, Los Secretos de la Vid (Sisters, Ore.: Multnomah, 2001), 106.

Capítulo 3

1. Woodrow Michael Kroll, Temprano por la Mañana (Neptune, N.J.: Hermanos Loizeaux, 1990), 34.

2. Pablo Cedar, Una Vida de Oración (Nashville: la Palabra, 1998), 180.

3. Everett Lewis Cattell, El Espíritu de Santidad (Kansas City, Mo.: Beacon Hill, 1963), 64.

Capítulo 4

1. Ralph Neighbour ¿A Dónde Vamos desde Aquí? (Houston: Touch Publicaciones, 1992), 48.

2. Citado en Pedro Wagner, El Escudo de la Oración (Ventura, Calif.: Regal, 1992), 81.

3. Citado en Pedro Wagner, La Oración de Guerra (Ventura Calif.: Regal, 1992), 86.

4. Wagner, El Escudo de la Oración, 86.

Capítulo 5

1. Charles R. Swindoll, Intimidad con el Omnipotente (Dallas: Word, 1996), 17-18.

2. Pablo Cedar, Una Vida de Oración (Nashville: Word, 1998), 180.

Capítulo 6

1. Jim Cymbala, Un Viento Fresco, Un Nuevo Fuego (Grand Rápids: Zondervan, 1997), 19.

2. Andrés Murray, Con Cristo en la Escuela de la Oración (Los Angeles: Fleming H. Revell, 1953), 16-23.

3. Kevin Strong, Correo electrónico del martes, 22 de mayo de 2001.

4. Bruce Wilkinson, Secretos de la Vid (Sisters, Mena.: Multnomah, 2001), 108.

5. Jeanne Guyon, Experimentando las Profundidades de Jesucristo (Beaumont, Tex.: SeedSowers Christian Book Publishing House, 1975), 28.

Sección 2

1. Marjorie J. Thompson, La Fiesta del Alma (Louisville, Ky.: Westminster John Knox Press, 1995), 10.

Chapter 7

1. Leroy Eims, Lo Que Todo Cristiano Debe Saber Sobre el Crecmiento (Wheaton: Víctor, 1984), 31.

2. Richard Foster, La Celebración de la Disciplina (Nueva York: Harper & Row, 1978), 60.

Capítulo 8

1. Diccionario Encarta® en inglés y (P) 1999 Corporación de Microsoft. Todos los derechos reservados. Desarrollado para Microsoft por Bloomsbury Publishing Plc.
2. Richard Foster, La Celebración de la Disciplina (Nueva York: Harper & Row, 1978), 15.
3. Foster, Celebración de Disciplina, 17.

Capítulo 9

1. Usado con el permiso de Kingsway Thankyou Música (Dir), Permiso #924151.
2. Pablo Cedar, Una Vida de Oración (Nashville: Word, 1998), 191.

Capítulo 10

1. Jeanne Guyon, Experimentando las Profundidades de Jesucristo (Beaumont, Tex.: SeedSowers Christian Book House, 1975), 73.

Chapter 11

1. Tommy Tenney, Los que Van en Busca de Dios (Shippensburg, Pa: Destiny Image, 2000), 76.
2. Henry T. Blackaby y Claude V. King, Mi Experiencia con Dios (Nashville: Broadman & Holman, 1994), 138.
3. Everett Lewis Cattell, El Espíritu de Santidad, 54-55.

Capítulo 12

1. Diccionario de la Herencia Norteamericana del Idioma Inglés, 3 ed. Copyright (c)1992 por Houghton Mifflin Co. Versión electrónica autorizada de la Corporación INSO; otras reproducciones y distribución restringidas de acuerdo con la Ley de Derechos de Autor de los Estados Unidos. Todos los derechos reservados.
2. Jorge Mueller, Autobiografía de Jorge Mueller, Diana L. Matisko, el ed., (Springdale, Pa.: Whitaker House, 1984), 140.
3. Citado en Pablo Lee Tan, Enciclopedia de 7700 Ilustraciones (Rockville, Md,: Assurance, 1979), 1045.
4. Carlos Finney, Mensajes de Avivamiento, 49.

Capítulo 13

1. David Wells, La Oración: Rebelándose Contra el Statu Quo en Perspectivas del Movimiento Cristiano Mundial, Ralph Winter y Steve Hawthorne, eds. (Pasadena, Calif.: William Carey Library, 1981), 123-26.
2. Idem, 124.

Capítulo 14

1. Información obtenida de Miguel Robles, pastor muy respetado en Buenos Aires que investigó la iglesia de Omar.
2. Ídem, 66.

Capítulo 15

1. Jim Cymbala, Un Viento Fresco, Un Nuevo Fuego (Grand Rapids: Zondervan, 1997), 96.
2. Citado en Stephen F. Olford, El Camino de Santidad (Wheaton, Ill.: Crossway, 1998), 90.
3. El Espíritu Santo es una persona que tiene conocimiento (1 Corintios 2:11); una voluntad (1 Corintios 12:11); una mente (Romanos 8:27); y afectos (Romanos 15:30). Usted puede mentir al Espíritu Santo (Hechos 5:3-4), insultarlo (Hebreos 10:29), e incluso contristarlo (Efesios 4:30). Usted no puede contristar una piedra o una fuerza, pero puede contristar a una persona.

Capítulo 16

1. Mike Bickle, El Placer de Amar a Dios (Lago Mary, Fla.: Creation House, 2000), 142.
2. Bill Bright, Siete Pasos al Ayuno y Oración con Éxito (Orlando, Fla.: New Life Publications, 1995), 7-12.

Capítulo 17

1. Por lo general realizo este retiro de oración personal en el verano (a menudo en junio o julio). Si hago mi retiro en julio, repaso todas las entradas en el diario de un año completo hasta junio.

Una Palabra Final

1. Leroy Eims, Lo que Todo Cristiano debe Saber Sobre el Crecimiento (Wheaton: Víctor, 1984), 26.
2. Richard Foster, La Celebración de la Disciplina (Nueva York: Harper & Row, 1978), 31.
3. Citado en Osvaldo Cruzado, El Manual de los Devocionales Personales. Se distribuía originalmente por el Distrito Español de la Alianza C. y Misionera en el área mayor de Nueva York.
4. Ídem.
5. Bruce Wilkinson, Los Secretos de la Vid (Sisters, Mena.: Multnomah, 2001), 101.

ÍNDICE

189